Karin Bothe, Alexa Köhler-Offierski, Ernst-Ulrich Vorbach (Hrsg.)

Alternative Therapieansätze in der Psychiatrie

Über gewohnte und ungewohnte psychiatrische Behandlungsformen

Mabuse-Verlag
Frankfurt am Main

Die Deutsche Bibliothek – CIP-Einheitsaufnahme
Ein Titeldatensatz für diese Publikation ist bei der Deutschen Bibliothek erhältlich.

Kasseler Str. 1a
60486 Frankfurt am Main
Tel.: 069 / 97 07 40 71
Fax: 069 / 70 41 52
www.oeko-net.de/mabuse/

Druck: Prisma Verlagsdruckerei, Frankfurt am Main
Titelabbildung: Rolf Neuhaus, 1988
Satz: Thomas Welling, Mabuse-Verlag
ISBN: 3-933050-11-1
Printed in Germany

Inhalt

Teil III

Psychiatrie und alternative Methoden – eine Annäherung

Einführung

In der psychiatrischen Behandlung haben wir es immer wieder mit Fragen und Auseinandersetzungen um alternative Behandlungsmethoden zu tun. Einige Beispiele sollen dies illustrieren:

Ein junger Mann, Anfang 20, wird unter dem Bild einer paranoid-halluzinatorischen Psychose in einem psychiatrischen Krankenhaus aufgenommen. Nach 10 Tagen nimmt ihn seine Mutter wieder nach Hause und erklärt dazu, sie habe sich informiert: Basis der Störungen ihres Sohnes sei eine falsche Ernährung. Er benötige eine bestimmte Diät, die sie ihm jetzt bereiten werde. Die Behandlung im Krankenhaus sei falsch und Medikamente würden gar nichts bringen.

Eine Patientin mit depressiver Symptomatik und begleitenden Verdauungsbeschwerden begibt sich parallel zur ambulanten psychiatrischen Behandlung in eine Akupunkturbehandlung.

Eine andere Patientin berichtet vom Besuch beim Heilpraktiker, der auf Grund von Irisdiagnostik eine chronische Leberschädigung festgestellt und ihr Kügelchen verordnet habe. Sie merke bereits, es gehe ihr besser.

Obwohl es häufige Berührungspunkte gibt, fällt es den in der Psychiatrie Tätigen schwer, sich mit Außenseitermethoden zu beschäftigen. Bei unseren Überlegungen gehen wir von der These aus, daß diese Schwierigkeiten mit der Funktion der Psychiatrie, Ordnung gegen drohendes Chaos zu halten, zusammenhängen. Diese These werden wir nachfolgend von verschiedenen Seiten beleuchten.

1. Nun ist bereits der Begriff »Außenseitermethode« oder »al-

ternative« Methoden unscharf, da das, was wir heute darunter verstehen, zu einem anderen Zeitpunkt oder in einem anderen kulturellen Kontext durchaus anerkannter Bestandteil der medizinischen Kultur sein oder werden kann.

Der Medizinhistoriker Robert Jütte definiert alternative Heilweisen als solche, »die in einer bestimmten medikalen Kultur, die selbst wiederum einem historischen Wandlungsprozeß unterworfen ist, zu einem bestimmten Zeitpunkt oder über einen längeren Zeitraum von der herrschenden medizinischen Richtung mehr oder weniger stark abgelehnt werden, weil sie die Therapieformen der herrschenden medizinischen Richtung teilweise oder völlig in Frage stellen bzw. auf eine unmittelbare und grundlegende Änderung des medizinischen Systems abzielen. Alternativ bedeutet in diesem Zusammenhang auch, daß diese Therapierichtungen von sozialen Bewegungen oder bestimmten gesellschaftlichen Gruppen getragen werden.« (Jütte 1996: 13)

Die Zeit- und Kulturabhängigkeit in der Einschätzung von Methoden läßt sich gegenwärtig am Beispiel der Psychotherapie ablesen. Diese war noch bis vor etwa 20 bis 25 Jahren eine Außenseitermethode in der deutschen Psychiatrie, während sie heute einen Teil der Facharztweiterbildung ausmacht. Hierzu mußte sie den Weg von einer Außenseitermethode über eine fakultative Behandlungsmöglichkeit zurücklegen, bis sie schließlich zu einem anerkannten Bestandteil psychiatrischer Behandlung wurde.

Für die Beurteilung der psychiatrischen Behandlung kommt noch eine weitere Schwierigkeit hinzu. Üblicherweise werden Behandlungsmethoden, die die ärztliche Wissenschaft befürwortet, in gleicher Weise durch die Bevölkerung akzeptiert. Innerhalb des Fachgebietes Psychiatrie besteht durchaus ein wissenschaftlicher Konsens dahingehend, welche Behandlungsmethoden für welche Erkrankungen angezeigt sind. Die strenge Aufspaltung zwischen Psychotherapie einerseits und Psychopharmakotherapie andererseits wurde verlassen zugunsten einer Kombinationsbehandlung von psycho- und soziotherapeutischen Methoden und Psychopharmaka in unterschiedlicher Gewichtung und mit unterschiedlichen Schwerpunkten in den verschiedenen Krankheitsphasen.

In der Allgemeinbevölkerung jedoch gibt es ganz andere Vorstellungen hinsichtlich der angezeigten Behandlungsmethoden. In einer Befragung des Sozialpsychiaters Matthias Angermeyer (1994) ordnen die Befragten die Behandlungsmethoden in eine deutliche Rangfolge – weitgehend unabhängig von der Art der psychischen Erkrankung. Psychotherapie und Entspannungsübungen führen die Rangfolge an, mit etwa 20 Prozentpunkten Abstand folgen Naturheilmittel und Meditation und Yoga, es folgen gleichauf Psychopharmaka und Akupunktur.

Zumindest Naturheilmittel, Meditation, Yoga und Akupunktur fallen nach schulmedizinischem Verständnis unter die Außenseitermethoden, nicht aber nach dem der Allgemeinbevölkerung (nach Finzen 1996: 175ff). Nun ist davon auszugehen, daß psychiatrische Patientinnen und Patienten und ihre Angehörigen die Einstellungen der Allgemeinbevölkerung teilen, Vorerfahrungen damit haben oder diese suchen. Psychiatrisch Tätige wiederum müssen sich auf eine Auseinandersetzung mit diesen Vorstellungen einstellen.

2. Die Psychiatrie als medizinisches Teilgebiet hat sich im Laufe des letzten Jahrhunderts entwickelt. Sie unterscheidet sich in einigen Punkten deutlich von anderen Teilgebieten. So gab es in keinem anderen Teilgebiet in Deutschland eine so scharfe Trennung zwischen den Universitätskliniken mit ihrem Forschungsauftrag und den psychiatrischen Krankenhäusern (oder, wie sie noch vor 30 Jahren hießen, Heil- und Pflegeanstalten) mit ihrem Versorgungsauftrag. Diese Spaltung hatte Konsequenzen für die Forschungstätigkeit in der Weise, daß die Forschung relevante Fragen der Versorgungspraxis überhaupt nicht erfaßte. Dies hat sich insbesondere auf die Erforschung der Behandlung chronisch psychisch Kranker sowie der psycho- und soziotherapeutischen Methoden ausgewirkt.

So wurden in den Psychiatrischen (Landes-)Krankenhäusern einerseits die Forschungsergebnisse der Universitätskliniken zwar zur Kenntnis genommen, aber zugleich als eher irrelevant belächelt, weil sie sich auf junge Ersterkrankte bezogen oder unter den gegebenen Ausstattungsbedingungen kaum in der Praxis berücksichtigt werden konnten. Andererseits wurde Psychiatern, die in diesen psychiatrischen Krankenhäusern arbeiteten, von vorneherein unterstellt, sie arbeiteten therapeutisch veraltet.

Zu dieser gegenseitigen Entwertung der jeweiligen Arbeit innerhalb der Psychiatrie kam und kommt die Entwertung innerhalb der Hierarchie der medizinischen Fächer. Obwohl die Psychiatrie nach der Inneren Medizin und der Chirurgie das medizinische Teilgebiet mit den meisten Betten ist, was gemeinhin als Parameter für die Bedeutung eines Faches gilt, wurde sie lange Zeit als sog. »kleines Fach« betrachtet. Diese Diskrepanz zwischen Bedeutung für die medizinische Behandlung der Bevölkerung und der Wertschätzung bleibt nicht ohne Rückwirkung auf die in der Psychiatrie Tätigen.

Es ergibt sich daraus, daß psychiatrisch tätige Ärzte sich mit der latenten Entwertung durch die anderen Fachkollegen hinsichtlich ihres eigenen beruflichen Tuns auseinandersetzen müssen. Sie sind daher einem besonderen Anpassungsdruck ausgesetzt, auf den sie entweder mit einer intensiven Adaptation organmedizinischer Methoden oder mit einer ambivalenten bis entschiedenen Abwendung von der Medizin insgesamt reagieren. Die Anwendung von Außenseitermethoden verschärft diesen Konflikt und verstärkt die Abwehr: ein erstes Hemmnis bei der Prüfung und Integration neuer Denkansätze und Methoden.

3. Krankheit – das hat die Soziologie betont – ist immer in einem gesellschaftlichen Kontext eingebunden. In den wissenschaftlichen Strömungen schlagen sich gesellschaftliche Entwicklungen nieder wie umgekehrt wissenschaftliche Entwicklungen gesellschaftliche Auswirkungen haben. Für psychische Erkrankungen ist seit langem der Einfluß der Art der medizinischen Versorgung auf den Verlauf bekannt, wie zum Beispiel die Abhängigkeit der stationären Behandlungsdauer von der Entfernung des Heimatortes vom Ort des Psychiatrischen Krankenhauses oder die Untersuchungen zum »Hospitalismus« zeigen. Darüber hinaus haben fast alle Patienten mit psychischen Erkrankungen mit Stigmatisierungen zu rechnen, wie es jüngst beispielhaft von Asmus Finzen noch einmal für die Schizophrenie dargestellt wurde.

Psychiatrie als medizinisches Teilgebiet hat es also in besonderer Weise mit den Auswirkungen gesellschaftlicher Einstellungen auf die Behandlung der Patienten zu tun und ist davon auch selber betroffen.

Außenseitermethoden selber unterliegen zumindest zum Teil Ausgrenzungen. Die Beschäftigung mit der Geschichte derartiger Methoden, wie zuletzt durch Robert Jütte 1996, zeigt die zum Teil heftigen und diffamierenden Auseinandersetzungen auf dem Gebiet einzelner Methoden sowohl untereinander als auch zwischen ihnen und der Schulmedizin. Darin liegt ein zweites Hemmnis.

4. Die Geschichte der Psychiatrie zeigt zugleich auf, daß neben naturwissenschaftlich orientierten Forschungen philosophische, psychologische und sozialwissenschaftliche Erkundungen parallel liefen. Das bedeutet, daß die Psychiatrie sich selber in einem Bereich zwischen naturwissenschaftlich und sozial- und humanwissenchaftlich orientierter Medizin bewegt. Diese Vielzahl unterschiedlicher Theorien hat zwar ihren Reiz, wirkt sich aber auch verunsichernd aus und kann dann zu Fixierungen auf einen dieser Ansätze führen, um überhaupt eine Orientierung zu halten.

Außenseitermethoden beruhen nun zum Teil auf eigenen Welt- und Menschenbildern und damit zusammenhängendem Krankheits- und Gesundungsverständnis. Gerade dann lassen sie sich mit den herkömmlichen Erkenntnissen nur sehr schlecht in Übereinstimmung bringen. Die Beschäftigung mit ihnen durch Ärzte führt dann entweder dazu, daß die Grundauffassungen der Außenseitermethode übernommen werden, verbunden mit einer Distanzierung gegenüber den »schulmedizinischen« Auffassungen, oder sie führt dazu, daß diese Methoden und die sie Anwendenden in den Bereich psychopathologischer Phänomene – als Spinner, wirr, verrannt, verbohrt usw. – eingeordnet werden. Dies wird noch dadurch unterstützt, daß Außenseitermethoden häufig von Außenseitern, gemessen an den traditionellen Berufen im Bereich der psychiatrischen Versorgung, vertreten werden, die durch diesen Status erhebliche Schwierigkeiten haben, überhaupt »offiziell« gehört zu werden.

Umgekehrt haben Methoden, die eher in die üblichen Modellvorstellungen einzuordnen sind und sich der wissenschaftlichen Diskussion stellen, größere Chancen, akzeptiert zu werden.

5. Die Psychiatrie als medizinisches Teilgebiet hat den gesellschaftlichen Auftrag, Patientinnen und Patienten zu untersuchen, ihre Krankheit zu diagnostizieren, sie so zu behandeln, daß ihr Leiden gelindert, die Krankheit zum Stillstand und zur Heilung kommt. Insofern teilt sie den gesellschaftlichen Auftrag an die Medizin. Hier ist sie an die Vorschriften der Gesetzlichen Krankenversicherung gebunden, die in SGB V § 2 (1) vorsieht: »Qualität und Wirksamkeit der Leistungen haben dem allgemein anerkannten Stand der medizinischen Erkenntnisse zu entsprechen und den medizinischen Fortschritt zu berücksichtigen.«

Der Psychiatrie ist als einzigem medizinischen Teilgebiet von der Gesellschaft zusätzlich die Sicherung der öffentlichen Ordnung mit aufgetragen, d. h. dissoziales Verhalten zu verhindern, Schädigungen von anderen Menschen, von ihnen selbst und von Sachen abzuhalten. Hierbei spielen gesellschaftliche Normen und ihr Wandel eine erhebliche Rolle. An den unterschiedlichen Auslegungen des Hessischen Freiheitsentziehungsgesetzes von 1953 lassen sich verändernde Grenzziehungen zwischen den Freiheitsrechten des Einzelnen und den gesellschaftlichen Schutzansprüchen ablesen. In der Wahrnehmung der Bevölkerung ist es oft genug der Psychiater und nicht der Richter, der darüber bestimmt, ob der Patient entlassen wird oder in der Klinik bleiben muß.

Jeder in der Psychiatrie Tätige muß sich mit diesem doppelten Auftrag auseinandersetzen, wobei diese Aufträge seitens der verschiedenen Auftraggeber Gesellschaft, Patient und Angehörige gelegentlich unvereinbar sind.

Die Situation wird noch dadurch kompliziert, daß die Sicherung der Ordnung für die Gesellschaft absolut notwendig ist, jedoch diejenigen, die diese Aufgabe übertragen bekommen, in keiner gesellschaftlich sehr einfachen Situation sind: die gesellschaftliche Achtung vor Polizisten, Gefängnisbeamten und Psychiatern ist zumindest zwiespältig. Beides zusammen – der doppelte Auftrag und die zwiespältige gesellschaftliche Reaktion auf diejenigen, die diesen Auftrag erhalten –, komplizieren die Orientierung und begünstigen – abgesehen von Extremreaktionen – eher konservative Orientierungen, mit denen man »auf der sicheren Seite« ist und die auch juristisch nachprüfbar sind. Dies stellt ein weiteres Hemmnis bei der Auseinandersetzung mit Außenseitermethoden dar.

6. In einem Teil der traditionellen Medizin führte die Zuordnung Arzt gleich Fachmann, Patient gleich Hilfesuchender dazu, daß der Patient Objekt des ärztlichen Handelns ist. Nun gibt es unzweifelhaft Situationen, in denen diese Orientierung sehr hilfreich ist, zum Beispiel in akuten lebensbedrohlichen Situationen oder bei einer Reihe von Operationen. Trotzdem bleibt der Patient zugleich Subjekt, mit dem der Arzt in eine Beziehung tritt. Er ist auch der Auftraggeber.

Bei psychisch kranken Menschen wurde dies lange Zeit nicht deutlich gesehen und zwar wurde dies dadurch begünstigt, daß sie als vermindert zurechnungsfähig und vermindert verantwortlich für ihr Tun galten. Jemand anderes muß die Verantwortung dann übernehmen. Das heißt, in die Beziehung zwischen Arzt und Patient tritt eine dritte Person hinzu, zum Beispiel der Richter oder der Betreuer, der Aufträge, die Behandlung betreffend, erteilt. Dies trägt in der Summe dazu bei, daß Anfragen und Interessen der Patienten hinsichtlich alternativer Methoden eher nicht wahrgenommen wurden.

7. Hinzu kommt, daß sich Psychosen dadurch auszeichnen, daß Sachverhalte ungewöhnlich akzentuiert wahrgenommen werden, Denkvorgänge sich von dem üblichen entfernen. Gleiches läßt sich auch von einigen Außenseitermethoden sagen, so zum Beispiel von der Homöopathie und vom Yoga. Beschäftigt sich nun ein psychotisch erkrankter Mensch mit einer Außenseitermethode, womöglich gar einer mit eigenem Weltbild, tauchen Fragen und Sorgen auf: Ist die Beschäftigung mit der jeweiligen Methode nicht vielleicht Ausdruck der psychotischen Erkrankung? Werden durch diese Beschäftigung wirksame Hilfen abgelehnt? Fördert sie psychotische Symptome, trägt sie zur Verfestigung krankhafter Züge bei?

Noch einmal anders gewendet: Sich einlassen auf die Gedanken- und Wahrnehmungswelt eines psychotisch Erkrankten kann bedeuten, daß eigene Wahrnehmungen und Gedankengänge in grundsätzlicher Weise in Frage gestellt werden. Sich einlassen auf Außenseitermethoden mit eigenem Welt- und Menschenbild stellt ebenfalls Grundannahmen der Beobachtung, Reflexion und Handlungen bei professionell Tätigen in Frage. Diese doppelte Verunsicherung kann eine schroffe Abwehr gegen derartige Zumutungen provozieren, ein weiteres Hemmnis in der Auseinandersetzung mit Außenseitermethoden.

8. Wofür sind Außenseitermethoden gut? Die Frage zielt nicht auf die Bewertung einzelner Methoden, sondern grundlegend auf den Erkenntniswert von Außenseitermethoden.

In der Regel machen sie auf einen Mangel in den schulmedizinischen Behandlungen aufmerksam, der sich auf unterschiedliche Aspekte beziehen kann. Dieser Mangel kann in der reduzierten persönlichen Zuwendung bestehen, in zu geringer Unterstützung des Selbsthilfepotentials und zu geringer Förderung gesunder Anteile. Er kann ebenso begründet sein durch eine unzureichende Berücksichtigung der Vorstellungen der Patienten und der Angehörigen über ihre Krankheit und ihre Behandlung. Hierzu zählt auch, daß die Organisation der Medizin wie auch des Kassenarztsystems Segmentierungen zur Folge haben. Besteht die Krankheit aber auch darin, daß ich mich in mir und in der Welt fremd fühle, dann wird die Suche nach »Ganzheitlichkeit« verständlicher, sogar notwendig. Weitere Mängel können darin bestehen, daß Nebenwirkungen von Behandlungen nicht ernst genug genommen wurden. Die Mängel können aber auch auf Verknöcherungen medizinischen Denkens in eingefahrenen Gleisen, in eingeschränkter Toleranz gegenüber Ambivalenzen beruhen. Insgesamt können Außenseitermethoden also als Hinweiszeichen auf eine Störung verstanden werden.

Zugleich bereichern und vervollständigen sie bisherige Denk- und Handlungsansätze zum Beispiel um die musische, gestalterische oder körperbezogene Dimension oder dadurch, daß sie daran erinnern, daß es neben der materiellen Welt und ihrem Erleben transzendierende Erfahrungen gibt.

Schließlich bahnen sie auch neuen Erfahrungen den Weg, die vielleicht in einigen Jahren zum Kernbestand psychiatrischer

Behandlungsmethoden gehören und so könnte sich der Kreis schließen: vom Außenseiter zum Etablierten und wieder zum Außenseiter.

Das hier vorliegende Buch präsentiert zum einen die Ergebnisse einer Veranstaltung vom Oktober 1996, zum anderen nimmt es aber auch zum Teil empirische Arbeiten auf, die durch diese Veranstaltung angeregt worden waren. So zum Beispiel sind die empirischen Arbeiten von Lemmer von Interesse, die über die Anxiolyse von Kava-Kava-Präparaten bei gynäkologischen Eingriffen berichten. Auch die empirische Arbeit über die psychotropen Effekte der Bachblütentherapie ist in diesem Sinne nachgereicht worden. Letztlich beweisen diese Arbeiten, wie auch die methodenkritischen Evaluationen der psychotropen Effekte des Johanniskrautes, daß auch die complementäre Medizin ein Bedürfnis hat, sich irgendwo in dem hierarchischen System der evidence based medicine integrieren zu lassen.

Einige der Therapieansätze, wie zum Beispiel der mit Johanniskrautextrakten sind in diesem hierarchischen System über die Ebene von placebokontrollierten Studien über Doppelblindstudien mit Referenzsubstanzen bis zur Ebene der Metaanalysen avanciert, um ihren Wirksamkeitsnachweis zu etablieren. Dabei kommen mit der weiteren Distribution und Anwendung solcher alternativer Therapieverfahren, zum Beispiel der Johanniskraut-Behandlung, auch in einem zunehmenden Maße, wie zum Beispiel bei den Cumarinpräparaten, bei den Digitalispräparaten und dem Asthmamittel Theophyllin, bei den Antibaby-Minipillen, Interaktionen auf, die die anfangs so gepriesenen Vorteile alternativer Therapieverfahren doch wiederum limitieren. Hier ist ein dringender Forschungsbedarf zu artikulieren. Andere Therapieverfahren können oder wollen diese Effektivitätsnachweise nicht führen, und hier beginnt sozusagen eine Grenzziehung zwischen den alternativen Therapieformen, die im Sinne der Sozialversicherung bzw. Krankenversicherung erstattungsfähig sind und jenen anderen, die als Ausdruck einer therapeutischen Wahlfreiheit vom Patienten gefordert werden können, aber eben ohne Anspruch auf Finanzierung.

Marco Borghi und Jürg Gassmann haben sich dieser Thematik als Herausgeber des dreisprachigen Buches »Complementäre oder alternative Behandlungsformen in der Psychiatrie: Eine Herausforderung? Ein Anspruch?« in entsprechender Weise in der Schweiz verschrieben. In England und in den USA mehren sich Zeitschriften, die für den Bereich der gesamten Medizin alternative und complementäre Inhalte zunehmend methodenkritisch evaluieren. In München wird in diesem Jahr zum ersten Mal ein internationaler Kongreß über complementäre Methoden in der Medizin durchgeführt. Aus England und aus den USA kommen die ersten methodologisch exakten Studien, die zum Beispiel einen günstigen Effekt auf den Verlauf schizophrener Erkrankungen durch die Gabe von Nahrungsmittelzusatzstoffen belegen, wie zum Beispiel den doppelt ungesättigten Fettsäuren (fish acids).

Letztlich belegt dies, daß die complementäre Psychiatrie dabei ist, sich aus einem Asylum ignorantiae zu differenzieren in einzelne prosperierende Forschungs- und Wissenszweige.

Das Buch sei all denen gewidmet, die uns ständig helfen, auf die eine oder andere Weise dieses Wissen positiv zu sichern.

Abschließend sei auch an dieser Stelle allen Autoren und Mitautoren gedankt, die das Wagnis auf sich genommen haben, gemeinsam heterogene und vielleicht auch inhomogene Themen unter einem Einband abzuhandeln. Eine gewisse Inkompatibilität gehört aber gerade zu dem Sujet, welches hier behandelt wird. Unser ganz besonderer und persönlicher Dank gilt unserer unermüdlichen Sekretärin Gabriele Thiele, ohne deren selbstlose Mithilfe der hier vorliegende Reader nie zustande gekommen wäre. Unser Dank gilt auch den beiden Moderatorinnen des Workshops Hilde Schädle-Deininger und Ulrike Villinger.

Die Herausgeber

Frankfurt am Main, im April 2000

Literatur

Dirk Blasius 1994, »Einfache Seelenstörung«. Geschichte der deutschen Psychiatrie 1800–1945, Fischer Taschenbuch Verlag, Frankfurt am Main

BMJFG 1975, Bericht über die Lage der Psychiatrie in der Bundesrepublik Deutschland (Psychiatrie-Enquete)

Rudolf Degkwitz, Sven Olaf Hoffmenn, Hildburg Kindt 1982, Psychisch krank, Urban & Schwarzenberg München Wien Baltimore, Teil I: Grundlagen der Psychiatrie, S. 3–44

Wolfgang Eckart 1990, Geschichte der Medizin, Springer-Verlag, Berlin Heidelberg New York

Asmus Finzen 1996, Der Verwaltungsrat ist schizophren, Psychiatrie Verlag, Bonn

Robert Jütte 1996, Geschichte der alternativen Medizin, C. H. Beck Verlag, München

Begriffsgeschichte der Depression

Werner Beck

Psychiatriegeschichte steht vor der Aufgabe, eine Darstellung abnormer Seelenzustände und der Weisen ihres Erfassens in historisch überschaubaren Zeitläufen und Zeitzusammenhängen zu geben. Gerade am Begriff der Melancholie werden historisch unterschiedliche Aspekte deutlich, so ist er einerseits Ausdruck für einen zutiefst psychiatrischen Sachverhalt, der durch eine tiefe Depression, einen Lebensüberdruß gekennzeichnet ist, andererseits ist er aber auch Kennzeichen für eine im psychischen Habitus kenntlich werdende Charakterveranlagung, die im antiken Sinne zusammen mit den cholerischen, sanguinischen und phlegmatischen Aspekten das System der vier Temperamente bildete.

Doch nicht nur als psychiatrietreues, sondern vielmehr als gattungsüberschreitendes Phänomen soll Melancholie im Mittelpunkt meiner Erörterungen stehen, wobei ein interdisziplinäres Grenzgängertum in literarischen, psychologischen und philosophischen Aspekten hier angedeutet werden soll. Wir lösen die Melancholie damit quasi aus ihrem psychiatrischen Definitionsrahmen und weisen ihr mit verschiedenen Autoren, wie Kant, Heidegger, Binswanger und Tellenbach eine quasi privilegierte Position zu, dies nicht nur im Sinne einer psychologischen Kategorie, nicht nur sozusagen als empirisches Gefühl unter anderen, sondern als ein Phänomen menschlichen Seins, damit also als eine ontologische Kategorie.

Wir können die einzelnen historischen Stränge hier nur anreißen, der jeweils auftauchende kultur- bzw. geisteswissenschaftliche Hintergrund kann nur in Form einer »Kostprobe« gereicht werden, doch trotz der Verkürzung hoffe ich, etwas von der

Vielgestaltigkeit, aber auch der ideengeschichtlichen Kontinuität des Melancholiebegriffs aufzeigen zu können. Dieser Ansatz soll es ermöglichen, im historischen Ablauf quasi synchrone Strukturen zu erkennen, die als durchgehende, sich wiederholende Topoi oder Motive die Prägnanz und Gültigkeit verschiedener Theorien anzuzeigen hätten. Um es deutlicher zu machen: Die historische Rekonstruktion des Melancholiebegriffs spiegelt immer in einer ganz besonderen Weise auch den Zeitgeist einer Epoche wieder.

Gerade am Begriff der Melancholie und deren zweitausendjährigen Geschichte scheint es möglich, exemplarisch einen Wirkzusammenhang von Zeitgeschichte und Krankheit, aber auch Außenseitertum und Etablierung nachzuzeichnen.

Sieht man von den kosmologischen Spekulationen der Spätantike ab, so lassen sich für die Antike zwei wesentliche Entwicklungsstränge aufzeigen, die zum einen mit Hippokrates, zum anderen mit Aristoteles verknüpft sind. Die quasi symbolische Einheit der Melancholie wird im Altertum gebildet durch Annahme der Langsamkeit der flüssigen Stoffe, der Verdunklung der Lebensgeister und den Dämmerschatten, den sie über Bilder der Dinge werfen, durch die Viskosität eines schwer in den Gefäßen dahinfließenden Blutes, durch die Behauptung der Verdickung der schwarz, tödlich und beißend gewordenen Vapeurs, durch Eingeweidefunktionen, die verlangsamt, klebrig und wie von Leim überzogen verzögert sind. Diese Einheit ist bis über das Mittelalter hinaus eher spürbarer denn begrifflicher oder theoretischer Art und verleiht der Melancholie die ihr eigenen Schriftzeichen.

Homer brachte die schwarze Farbe der Galle mit der Vernebelung des Gemüts in Zusammenhang und hielt diese für einen schädlichen Saft, für ein Gift des Körpers, von dem er annahm, daß die Unausgewogenheit und die Mischung der Säfte zur Krankheit der Melancholie führen könne. Mit dem Namen Aristoteles ist insbesondere die Verflechtung der Melancholie mit der Genieproblematik verbunden. Melancholie erscheint bei ihm nicht mehr nur als Krankheit, sondern wird quasi zur Natur des Menschen. Aristoteles geht damit über den Grundgedanken von

Hippokrates hinaus. Für ihn sind Melancholiker herausragende Figuren: Wer melancholisch ist, leidet an alles überschreitenden und sich auf alles erstreckenden Gleichgewichtsstörungen. Die Melancholie wird zu einem erhabenen Zustand, in dem der Kranke zur Hervorzauberung gesunder, den Zeitgeist überdauernder, jeden mit sich reißender Werke in der Lage ist. Aber auch Aristoteles geht getreu der hippokratischen Tradition von einer Beobachtung des Körpers aus, auch er hält einen Überschuß an schwarzer Galle im Vergleich zu anderen Körpersäften für ungesund, wobei jedoch die Temperatur der schwarzen Galle letztlich ausschlaggebende, beeinflussende Kraft ist. Derjenige, in dem sich die schwarze Galle allzusehr erhitzt, ist unbegründeterweise überfröhlich, bei jenem aber, bei dem diese Temperatur stark absinkt, zeigt sich Niedergeschlagenheit und Traurigkeit.

Hier wird deutlich, daß die Antike sozusagen am schmalen Grad zwischen Sein, der bewußten Schöpfung und Nichtsein, dem Chaos balanciert. Mit dem Mittelalter wird diese Heterogenität quasi homogenisiert, der Melancholiker wird heimatlos und verfällt der Sündhaftigkeit. In einer spätmittelalterlichen Handschrift wird er wie folgt beschrieben: »Er ist von dunkler, manchmal gelb-grünlicher Hautfarbe, seine Augen sind klein und tiefliegend, selten bewegt er seine Augenlider und sein Blick ist stets zu Boden gerichtet, sein Bart ist licht, eine Schultern gebeugt, er ist faul, schwer von Begriff, doch wird er das, das er einmal gemerkt hat, nie mehr vergessen, die übrigen Menschen langweilt er, selten, daß er lacht. Seine Kleidung ist ungepflegt, er ist ein Betrüger, ein Dieb, undankbar und geizig.« Nun erhält der Melancholiker das Odium des Zersetzers und Zerstörers. Den wahren Weisen ereilt keine Krankheit, verkündet das Mittelalter. Die antike melancholische Meditation über die Unergründlichkeit der menschlichen Existenz wird nun zum Sich-Verschließen der Gnade Gottes. Das Sein, kein unauslöschbares Geheimnis mehr, wird zur überschaubaren, von Gott garantierten Ordnung. Melancholiker sind somit im 12. und 13. Jahrhundert Ketzer, die die Ordnung der christlichen Welt in Frage stellen. Daher ist im Mittelalter die Melancholie ein Zustand der Gefährdung, der Melancholiker stößt auf eine feste Wand, an der er zerschellt.

Nach mittelalterlicher Meinung wird die Galle vom Teufel schwarz gefärbt und die schwarze Galle wurde auch Teufelsbad, Balneum diaboli, genannt. Nach Luther ist dort, wo ein melancholischer Kopf ist, Satans Badestätte.

Doch schon bald taucht die ambivalente Einstellung der folgenden Jahrhunderte auf. Melancholie wird nicht mehr ausschließlich als Gefährdung des inneren Friedens wahrgenommen, sondern zunehmend auch als eine Möglichkeit zu einer erweiterten Erfahrung: Eines vorübergehenden Seelenzustandes, der zwar quälend, deprimierend, aber auch sanft, träge oder nur nostalgisch wehmütig sein kann. Diese rein subjektive Stimmung wird später auf die Welt, auf die objektiven Dinge übertragen, so daß man bedeutungsvoll von einer »Melancholie des Abends, einer Melancholie des Herbstes« sprechen wird. Schon hier zeigen sich Spuren von der Bedeutung der poetischen Melancholie der Romantik an.

Vor diesem eher diffusen, nicht deutlich nachzeichenbaren Hintergrund des Mittelalters heben sich die klareren Konturen der Renaissance ab.

Man kann dieser Epochenschwelle eine gewisse selbstkritische Unruhe und Offenheit im Umgang mit dem Verrücktsein zuschreiben. Die Perspektive wird nicht nur in der Malerei entdeckt, mehr und mehr wird die Welt, wird die Natur erobert, der Reiz des Diesseits wird außerordentlich interessant, der des Jenseits schal.

Der Melancholiker, im Netze unversöhnlicher Konflikte hin und hergeworfen, ist darum doppelt gefährdet: Einerseits ist seine Einsamkeit von solcher Maßlosigkeit, daß sie das Gefühl des Absturzes und den Tod heraufbeschwört, von dem sich der Melancholiker angezogen fühlt. Andererseits ist es aber auch die göttliche Entrückung, das Bewußtsein der Außerordentlichkeit, die Beschäftigung mit der uferlosen Kontemplation und den Geheimnissen, die den Melancholiker von jeher charakterisierten. Vom 15. bis 17. Jahrhundert steigt die Zahl der Selbstmörder rapide an, ebenso die sich damit befassende Literatur. Der Melancholiker der Renaissance ist einsam und zwar im weitesten Sinne des Wortes. Den porträtierten Figuren seiner Zeit ähnlich, steht er in einer unendlichen Welt, um dann doch jenseits jeden Raumes zu sein. Seine Lage erscheint unbestimmt, da seine tatsächliche Situation bzw. seine diesbezüglichen Vorstellungen so weit entfernt von einander sind, daß nicht einmal der Versuch unternommen werden kann, zu entscheiden, welche als maßgeblich anzusehen wären. Und der sich nach absoluter Eigenständigkeit sehnende Renaissancemelancholiker, der, da er nun einmal jeden Orientierungspunkt verloren hat, gleichsam auch allein der Mittelpunkt der Welt ist, ist generell einsam. Auf den Miniaturen des Mittelalters, den Illustrationen der Almanache finden wir den Melancholiker meist in schlafender Position. Vom 15. Jahrhundert an schläft der Melancholiker jedoch nicht mehr, er denkt nach. Im Verlauf der Ausbildung der perspektivischen Malerei verschwinden die Maße einer gemeinsamen Erfahrung. Alles wird fraglich, auch die Ausschließlichkeit des perspektivischen Blickwinkels deutet auf eine quasi unsichere Zukunft. Und, weil sich zwischen den unbestimmbaren Standpunkten der melancholischen Bildgestalten und den sich hinter ihrem Rücken erstreckenden Landschaften keinerlei perspektivische Beziehung vorstellen läßt, machen die zeitgenössischen Gemälde u. a. auch die in der perspektivischen Blickweise liegenden Widersprüche zu ihrem Gegenstand. So wird Dürers Kupferstich Melancholia I zum wohl berühmtesten Gemälde der Melancholie. Der Melancholiker der Renaissance wird hier zum erstenmal zum Gegenstand, zur Aussage, zum Inhalt sowie Formideal der Kunst. Demgegenüber sind die Melancholiker des Mittelalters namenlose Geisteskranke, die vom Reich Gottes ausgeschlossen waren.

Trauer und tiefe Nachdenklichkeit werden nun in der Renaissance zu den hervorragendsten Phänomenen der Melancholie. Sie ist zugleich eine Allgemeingültigkeit beanspruchende Seinserklärung und eine letztlich individuelle Neigung, wie auch eine anfechtbare Quelle zur Beurteilung der Welt und quasi eine einfache Stimmung. Die Persönlichkeit bezieht die Welt von nun an nicht mehr ausschließlich auf sich selbst und geht dennoch unrettbar in die Falle, welche weder dem Mittelalter noch der Antike bekannt war, nämlich in den Widerspruch zwischen unbestimmbarer Unendlichkeit und konkreter Individualität.

Seit Beginn des 17. Jahrhunderts entspringt die Traurigkeit nicht mehr ausschließlich dem Menschen: Der Mensch ist vielmehr Gefangener einer alles überlappenden und durchdringenden Schwermut. Auf den Bildern van Dycks oder Lorrains wird die Welt selbst zu etwas Geheimnisvollem, Traurigem und Melancholischem. Der Hintergrund wird ernsthaft bedeutsam und auf nicht wenigen Bildern erweckt selbst der Vordergrund den Eindruck eines Hintergrundes. Die Melancholie durchdringt alles, sie ist keine äußere Kraft mehr, nicht die Wirkung eines mittelalterlichen Dämons oder des Saturns, sondern sie wird zu einem Zustand der Seele und da die Seele nun in einer engen Wechselwirkung mit der Natur steht, ist die Melancholie vor allem in der Natur selbst zu entdecken.

Das Rätsel der Traurigkeit, die uns aus den Bildern dieser Zeit entgegenstrahlt, erinnert uns auch an unsere eigene Heimatlosigkeit, erscheint wie ein entferntes Licht in einem dunklen Wald. In Deutschland werden die abgestorbenen, kahlen Bäume schon im 16. Jahrhundert Saturnusbäume genannt und damit verbindet sich die Beziehung von Astrologie, Humoraltheorie und Melancholie zu einem unauflöslichen Bild der Natur.

Mit Kant wird die Melancholie zur positiven Möglichkeit des Menschen. Selbst die Melancholie, die letztlich metaphysische Einsamkeit, Selbstbetätigung und Selbstgenuß bedeutet, bekommt nun eine positive Klangfärbung, da sie ethisch gefärbt wird. Sie ist nach Kant ein Zeichen des moralischen Selbstbewußtseins: In der Melancholie erscheint ihm zufolge die ideale Freiheit. Das trübsinnige Sich-Zurückhalten vor der geschäftigen Welt wird so zu einer edlen Geste. Der Melancholiker hat nach Kant »vorzüglich ein Gefühl für das Erhabene«.

Und, im Hinblick auf die neuzeitliche Melancholie bildet nun der Ausgang des 18. Jahrhunderts einen entscheidenden Wendepunkt: der schicksalhafte Individualitätsanspruch und die Uniformierung, die nicht nur gesellschaftlich und politisch, sondern auch antropologische Faktoren sind, stellen den dafür empfänglichen Menschen vor ein derart unlösbares und zur Verzweiflung treibendes Dilemma, daß er im wahrsten Sinne des Wortes daran stirbt. Ich bin ein unaussprechlicher Mensch, sagt Heinrich von

Kleist und sein Bekenntnis lenkt unsere Aufmerksamkeit auf den empfindlichsten Punkt der neuzeitlichen europäischen Kultur. Die Entfaltung der im modernen Sinne verstandenen Persönlichkeit bedeutet zugleich die Freiheit, die angebliche Befreiung von den metaphysischen Schranken, von den hinter den Menschen liegenden Mächten. Der Preis für die Freiheit aber ist oder wird die Unaussprechlichkeit sein und so wächst die Freiheit der Persönlichkeit sozusagen mit dem neuerlichen und scheinbar unsichtbaren Anwachsen der äußeren Schranken.

Caspar David Friedrich, der die melancholischsten Bilder aller Zeiten gemalt hat, erkannte mit untrüglicher Sicherheit die Kennzeichen der neuzeitlichen Melancholie: die metaphysische Einsamkeit, den Zwang zum Selbstbeweis, den leidensvollen Selbstgenuß, die mit der Todesangst verschmolzene Todessehnsucht und die von der Melancholie heraufbeschworene Grenzsituation.

Die Melancholie wird so zu einer mit Abbau einhergehenden Krankheit. Weder das antike Melancholieverständnis noch das der Renaissance und des Barock konnten diese strenge Unterscheidung zwischen gesunder und kranker Melancholie treffen. Für den Philosophen Schelling wird der nie aufgehende Rest, der jenseits der Realität liegt und der mit den größten Anstrengungen des Verstandes sich nicht auflösen läßt, diese Finsternis zu einem der Natur des Menschen innewohnenden quasi notwendigen Erbteil. Schelling drückt das philosophische Lebensgefühl einer ganzen Epoche aus, wenn er nahelegt, daß das Wesen des Menschen Sehnsucht und Bestreben ist, aus dieser Dunkelheit ins Helle zu gelangen. Eine ganze Generation von Philosophen, Malern und Künstlern betonen aber auch, daß die Verwurzlung im Dunkel zum menschlichen Wesen gehört. Der Mensch kann also niemals von der Bedingung seiner Existenz – so könnte man es philosophisch formulieren – Besitz ergreifen.

Generell wird der Krankheitsbegriff der Melancholie einer radikalen Neubewertung unterzogen: Die Krankheit an sich wird nun nicht mehr als Abreißen des kreatürlichen Seins von dem im Menschen verborgenen schöpferischen Sein verstanden. Vielmehr offenbart beides die unauflösbare Bedrohtheit des Seins, in der der Mensch in einer sogleich bestimmten und unbestimmten wie auch bestimmenden Existenz niemals die Oberhand zu gewinnen vermag. So wird Krankheit und namentlich die der Melancholie nicht zum zeitlich begrenzten Zustand, ein vorübergehenden Gefühl oder seiner Aufhebung, sondern zur Entfaltung einer beständig schwelenden Möglichkeit. Es mag sein, daß die Romantik hierfür eine gewichtige Rolle spielte, steigerte sie doch die Melancholie in eine zum Tode führende Lebenspraxis, so daß die in der Melancholie verborgene Todessehnsucht, für die der Schmerz eines Werther und Hyperions steht, durch das immer strenger werdende System der Geisteskrankheit abgegrenzt werden mußte.

Nach der Epoche der Romantik treffen wir auf eine zunehmende Spaltung des Melancholiebegriffs in einen alltäglichen und einen medizinischen Gebrauch. Die Medizin dieser Zeit hat ihre Verwandtschaft mit dem philosophischen Seinsverständnis jedoch niemals ganz bestritten, sie hat den Menschen bis zu Entfaltung der neuzeitlichen Medizin niemals ausschließlich in seiner körperlichen Eigenschaft gesucht und gefunden.

Mit seiner Neigung zur Einsamkeit idealisierte auch das Bürgertum des 18. Jahrhunderts die Melancholie zu einer quasi genialen Haltung. Ohnmächtig angesichts der politischen Strukturen wird Natur der Gesellschaft vorgezogen, die Kleinstadtidylle der Residenz gegenübergestellt. Generell ist der Melancholie in jener Zeit eine Dignität eigen, welche sich in der Erhabenheit verbürgt, oft aber auch nur zu bloßen Haltung verkommt (Innerlichkeit und Melancholie).

Dekonzentration, Lähmung und melancholische Unproduktivität, so schrieb im 20. Jahrhundert der Philosoph Schweppenhäuser, sind »nicht nur sowohl subjektive Zustände, als das Walten der objektiven Trostlosigkeit in uns«. Dem gegenüber hat die Philosophie der beginnenden Moderne die Schwermut als Affekt gesehen, der das Denken begleitet, welches zu Ende denkt. Zu einer derartigen Erfahrung gehört generell die Empfindung, unsere innere und äußere Wirklichkeit sei gespalten oder zerbrochen. Aus dem Klarsehen und dem Maß der Endgültigkeit, auf denen unsere Einsichten beruhen, wird ja auch die eine Säule gebildet, während die andere von der Trübheit der Unfaßbarkeit, Unbegreiflichkeit und der Unbefriedigtheit geformt wird. Vielleicht rührt daher auch die Traurigkeit, die den Grund einer jeden, den Anspruch auf Endgültigkeit erhebenden Formulierung durchzieht und die Untröstlichkeit, die auch hartnäckige Geister ergreifen kann. Diese Untröstlichkeit ist selbst im tiefsten Klarsehn, das Dunkel sogar im genauesten Gedankengang enthalten. Damit findet sich in der Melancholie eine Art Voraussetzung des Lebens, aber auch des Todes. Nicht die Schwäche und nicht die Kraft, nicht das Klarsehen und nicht das Dunkel ist es, woran wir sterben, sondern vielmehr an der Tatsache, daß ein jedes Element Mangel des anderen und Vollendung seiner selbst ist.

Im Laufe des 18. Jahrhunderts ist der Melancholiebegriff nicht mehr losgelöst von der Entwicklung der psychiatrischen Institution und deren Ausprägungsform. Mit dieser neuen Struktur, dem Entstehen psychiatrischer Institutionen im weitestgehenden Sinne, wurde es – wie mir scheint – notwendig, die verschiedenen Formen, die der Wahnsinn annehmen konnte, in vernünftiger Weise zu klassifizieren. Dies dürfte der sozialgeschichtliche Hintergrund für die enorme Vielfalt der Klassifikationsversuche der mitteleuropäischen Psychiatrie des 19. Jahrhunderts sein, bis schließlich Kraepelin den Melancholiebegriff 1913 zugunsten des Depressionsbegriffes aufgibt. Der ältere Melancholiebegriff, der meiner Meinung nach schon immer umfassender das Wesen der Melancholie zu beschreiben versuchte, mußte um die Jahrhundertwende dem ursprünglich organpathologisch intendierten Depressionsbegriff als Krankheitsbezeichnung weichen. Aber auch im 20. Jahrhundert, in der Folge von Husserl und Heidegger, herrscht kein Mangel an verschiedenen existentiellen und phänomenologischen Betrachtungen, die aus dem depressiven Erleben eine allgemeine Beziehung zur Welt an sich zu erfassen versuchen, eine Beziehung, in der es für das depressive Es gilt, einen Typus zu entwickeln und eine Weise des In-der-Welt-Seins zu beschreiben, die zunächst von der Kausalität oder dem Mechanismus der Depression absieht, die aber das zentrale Anliegen der Depressivität erkennt und in einen Seinszusammenhang bringt.

Der Zeitbegriff wird nun zu einem zentralen, oft auch unerträglich spürbaren, dabei lähmenden Aspekt, der allerdings, so meine ich, nur unvollständig und wenig systematisiert erforscht ist, gleichwohl aber über seine philosophischen Aspekte hinaus Bedeutung erlangt. Gerade weil postmoderne Faszination und Langeweile dem Zeitbegriff eine neue Dimension abringen, sind deren psychische Dimensionen noch ungenügend erforscht. Diese modernen Verknüpfungen zwischen Faszination und Langeweile verweisen auf die enge Nähe zur Schwermut und deren tiefe Wesensverwandtschaft. Die so erlebte Zeitlosigkeit ruft aber Entleerung hervor. Die vom Melancholiker erlebte unendliche Zeit ist mithin die Bestätigung einer ewigen Unerfülltheit, eines Mangels. Und der wahre Grundstoff alles Lebens und Daseins – ergänzt man Schelling – ist eben das Schreckliche.

Und »Wer wirklich melancholisch ist, kommt nie wieder zu sich, selbst wenn er bemerkt, daß die Dinge auch über ein ihm bekanntes Gesicht verfügen, wird er ewiges Heimweh nach jener Landschaft empfinden, in deren Richtung das Gesicht weist. Die Traurigkeit, dieser »rätselhafte Genuß«, überkommt den Menschen von nun an nicht mehr nur gelegentlich, sondern wird wie zu seinem Schatten. Die Traurigkeit, die Zuneigung zum Schlechten, lassen sich nicht mit Hilfe der Vernunft auflösen, sie sind weder auf der Grundlage der Soziologie, der Anthropologie, Theologie noch der Geschichtsphilosophie zu erklären, weil das Geheimnis des Schlechten, des Nichts gerade darin liegt, daß es sich nicht umreißen läßt: Würde es in Begriffe gezwängt, würden wir uns selbst Gewalt antun, meint Földeny. Was er auch anfaßt, alles verweist ihn zurück zu sich selbst, blickt er in sein Inneres, schaut er das verkleinerte Abbild der Welt. So mahnt uns Therapeuten gerade dieses verkleinerte Abbild der Welt in unseren Patienten zu Vorsicht und Zurückhaltung und gerade die Vielfalt der therapeutischen Verfahren, die wir in der Behandlung der Melancholie anwenden, zeigt das Wirken der Zeit und ihrer Vorgaben, aber auch unsere Grenzen an , die im Mißverhältnis von Lebenszeit und Weltzeit philosophisch besprochen ihren Ursprung haben. Insbesondere der Melancholiker, der Außenseiter und der Etablierte, ist sich dieser Differenz aufs Tragischste bewußt. Und so möchte ich einen Gedanken von Földenyi mit auf den Weg geben, der uns alle nochmals an die Relativität unseres Tuns gemahnt. »Als ob wir, ratlos, durch ein Fernrohr beobachtet würden, ob die äußere Welt wohl in uns ihre Fortsetzung findet, oder ob wir von dort draußen zurückblicken, zurück auf unser, das Fernrohr verwirrt drehendes Ich. Doch drehen wir das Fernrohr um; richten wir es nun auf die kaum noch erkennbare Figur des Melancholikers und lassen wir unser Auge ein wenig auf ihm ruhen – um dann die Perspektive wieder wechselnd erneut in die bedrückend vergrößerte Welt hinauszublicken. Wer hat recht? Der Melancholiker? Die Welt? Vergeblich drehen wir das Fernrohr; wie Nietzsches rastloser Schiffer – niemals werden wir uns in der Lage befinden, zu entscheiden, ob wir die Unendlichkeit als Käfig oder als Freiheit empfinden«.

Eine Literaturliste kann beim Verfasser angefordert werden.

Geschichte der Psychiatrie evtl. am Beispiel Schizoph.

Gruppenarbeit: pro AG eine Epoche
Zeitpfeil
(Kontinuität + Veränderung)
im Verlauf der Zeit +
latente gegenwärtige Annahmen

Der schizophrene Tänzer Nijinsky

Christian Golusda

Sicher ließe sich viel zu Vaslav Nijinsky, seiner Person, seiner Kunst und seiner Krankheit sagen. Im Rahmen dieses Buches soll der Beitrag einen kleinen Einblick in die Psychiatriegeschichte der ersten Hälfte unseres Jahrhunderts anhand des Falles eines berühmten Menschen, der an einer psychischen Erkrankung litt, geben. Insbesondere zu den psychiatrischen Behandlungsmethoden in der Vor-Neuroleptika-Ära am Beispiel des Tänzers Nijinsky.

Die Kenntnisse zur Krankengeschichte Nijinskys stammen in der Hauptsache aus einer 1991 in den USA erschienenen Biographie mit dem Titel: »Vaslav Nijinsky – A Leap into Madness« von dem amerikanischen Professor für Psychiatrie Peter Ostwald aus San Francisco. Auf deutsch unter dem Titel: Vaslav Nijinsky – Sprung in den Wahnsinn, im Frühjahr 1997 erschienen.

Bevor wir aber zu den Methoden der Behandlung, also zum Wie kommen, ist natürlich von Interesse, wer da behandelt wurde und was. Wer also war Vaslav Nijinsky und was hatte er? Hier das Wichtigste in Kürze:

Nijinsky wurde 1890 (oder 1889, die Angaben variieren) als Sohn polnischer Eltern, die als Tänzer in Rußland tätig waren, in Kiew geboren und erhielt seine Ausbildung an der Kaiserlichen Ballettschule in St. Petersburg.

Er wurde als der »Gott des Tanzes« bezeichnet, welcher in der Zeit vor dem Ersten Weltkrieg zum »shooting star« der Ballets Russes avancierte, entdeckt und gefördert durch seinen Impresario und zeitweiligen Lebensgefährten Sergej Diaghilev. Seinen kometenhaften Aufstieg und seinen Weltruhm verdankte er in erster Linie aber seiner für die damalige Zeit stupenden Tanztechnik mit katzenhafter Geschmeidigkeit und atemberaubender

Sprungkraft, gepaart mit einer Männer wie Frauen in den Bann ziehenden sinnlichen Ausstrahlung in der Darstellung der von ihm interpretierten und für ihn kreierten Bühnenrollen. Auch heutzutage werden Tänzer immer wieder und immer noch am Vorbild Nijinsky gemessen bzw. mit ihm verglichen.

Kenner wissen vielleicht auch, daß Nijinsky darüber hinaus als Choreograph tätig war. Wenn er auch nur ein verhältnismäßig schmales OEuvre schuf, so war dessen Wirkung auf die Welt der Kunst umso nachhaltiger. Mit der skandalumwitterten Premiere des Debussy'schen »L'après-Midi d'un Faune« im Jahr 1912, in welchem er selbst die Hauptrolle tanzte, spätestens aber mit dem im Jahresabstand folgenden »Le Sacre du Printemps« zu der gleichnamigen Musik des bis dahin unbekannten russischen Komponisten Igor Strawinsky, beginnen Tanzhistoriker die Zeitrechnung des modernen Tanzes. Nijinsky bekommt den Titel »Genie« zugesprochen, und Zeitgenossin Isadora Duncan, gemeinhin als Urmutter des modernen und freien Tanzes angesehen, unterbreitete Nijinsky den Vorschlag, der Welt ein gemeinsames Kind zu schenken – ein Ansinnen, auf welches Nijinsky allerdings nicht einging.

Dennoch heiratete er auf dem Höhepunkt seines Weltruhmes 1913 überraschend eine seiner hartnäckigsten Verehrerinnen, die Ungarin Romola Pulszky, nachdem es mit Diaghilev zur privaten, später auch zur beruflichen Krise gekommen war. Das Ehepaar Nijinsky hatte zwei Kinder, die Töchter Kyra und Tamara, 1914 und 1920 geboren, welche heute noch in den USA leben. Nijinsky starb 1950 in London (im Alter von 60 bzw. 61 Jahren an den Folgen einer Niereninsuffizienz; er litt seit Jahren an Hypertonie).

Das Licht dieses so rasch und strahlend aufgegangenen Sterns am Tanzhimmel war allerdings nach wenigen Jahren des Glanzes bereits wieder erloschen (nach einer Faustrechnung bestand sein Leben aus vier Phasen: 10 Jahre Kindheit, 10 Jahre Lehr- und Studienzeit, 10 Jahre Tanz, 30 Jahre chronisch psychische Erkrankung), und wie sich hierin schon andeutet, ließ es sich leider auch trotz der Anstrengungen seiner Frau und seiner Freunde und der Bemühungen der Ärzte, von denen hier noch die Rede sein wird, nicht wieder zum Leuchten bringen, jedenfalls nicht so, wie sich seine nähere und weitere Umgebung und vermutlich auch er selbst es sich gewünscht hätten. 1919, also mit 29 Jahren, trat er das letzte Mal öffentlich auf – in St. Moritz in der Schweiz, hier schon mit deutlichen Anzeichen der psychischen Erkrankung, die dann rezidivieren und chronifizieren sollte.

1919 erfolgte auch Nijinskys erster vollstationärer Aufenthalt, und zwar in der Klinik Burghölzli in Zürich, die damals von Professor Eugen Bleuler geleitet wurde. Man sieht, die Berühmtheit der Behandler und Einrichtungen steht der Berühmtheit des Patienten kaum nach. Und die Liste derjenigen, die sich im Laufe der Zeit mit dem Fall Nijinsky beschäftigt haben, liest sich streckenweise wie ein »Who is Who« der Psychiatrie. Neben Eugen Bleuler tauchen in der Krankengeschichte unter anderem auch die Namen von Ludwig Binswanger, Alfred Adler (1934), Julius Wagner-Jauregg (1920, Malariabehandlung bei Progressiver Paralyse, Nobelpreis 1927), Max Müller, Carl Gustav Jung, Sandor Ferenczi und auch Sigmund Freud auf. Hinsichtlich der letzten drei, also der Analytiker Freud, Jung und Ferenzci gibt es allerdings keinerlei Unterlagen, die belegen, daß Nijinsky ihnen je vorgestellt wurde, wie seine Ehefrau später behauptet hat.

Im nüchternen Licht der Krankengeschichte betrachtet, heißt das aber auch, daß Nijinsky zwischen 1919 und seinem Todesjahr 1950 in gut 10 verschiedenen psychiatrischen Kliniken stationär behandelt wurde mit zahlreichen Aufenthalten, die zwischen 48 Stunden (Burghölzli) und 10 Jahren (Kuranstalt Bellevue in Kreuzlingen, der L. Binswanger vorstand) dauerten.

Die Diagnose von Nijinskys Erkrankung war damals (wie es auch heute trotz genauerer diagnostischer Kriterien oft ist) nicht ganz einfach, zum einen weil Nijinsky eine Vielfalt von Symptomen bot, zum anderen weil ja auch immer erst der Verlauf, das heißt die Zusammenschau der Symptome über einen längeren Zeitraum, die Diagnose bestimmt.

Schon die prämorbide Persönlichkeitsstruktur wies Auffälligkeiten auf. Nijinsky galt jenseits der Bühne als extrem verschlossen, wirkte oft unkommunikativ bis teilnahmslos und war in Dingen des täglichen Lebens recht unbeholfen, daß unter der

Hand sogar schon mal vom »Idioten mit Genie« geredet wurde. Hinzu kamen Probleme mit der Affektmodulation, der eher emotionslose oder kühle Privatmensch bekam hin und wieder heftige Wutausbrüche oder sogenannte »hysterische Anfälle.«

Bereits 1910 (also 9 Jahre vor der Erstmanifestation der Psychose) hatte ein Arzt in St. Petersburg eine »cerebrospinale Neurasthenie« diagnostiziert und Klimawechsel und Bäder an der Riviera empfohlen.

1914 war es in London in einer beruflichen Krise zu einem »Nervenzusammenbruch« gekommen, der behandelnde Arzt nannte das »Neurasthenie mit depressiven Zügen, Schlaflosigkeit und einer nervösen Herzaffektion sowie Brustschmerzen.«

Und 1919 schließlich, als Familie und Hausarzt in St. Moritz mit dem Tänzer nicht mehr zurecht kamen, weil er nicht mehr schlief, motorisch unruhig, stimmungsmäßig gereizt bis hocherregt war, Wahngedanken hatte, wurde er in Zürich im Burghölzli Professor Bleuler vorgestellt, der ja den Begriff »Schizophrenie« 1911 eingeführt hatte und ihn an die Stelle der Kraepelischen »Dementia Praecox« setzte. Nachdem dieser den Patienten das erste Mal ambulant gesehen hatte, notiert er: »Ein unklarer Schizophrener mit leichter manischer Erregung.«

Heute würde man Nijinsky unter Zugrundelegung des bei uns gebräuchlichen internationalen Klassifikationssystems, der ICD 10, eine der unter F 20, Schizophrenie, genannten Störungen zuordnen, eventuell auch – da oftmals gleichzeitig affektive Symptome auftraten – eine schizoaffektive Störung nach F 25 der ICD 10. Die Diagnosestellung posthum nach Aktenlage ist natürlich nur unter Vorbehalt zulässig.

Wenn ich nun die Behandlungsmethoden der damaligen Zeit schildere, werde ich der Übersichtlichkeit halber versuchen, chronologisch vorzugehen (was sich allerdings nicht immer durchhalten lassen wird.)

Eugen Bleuler (etwa gleichaltrig mit Sigmund Freud) war der Ansicht, daß der Verlauf der zuvor als unheilbar angesehenen Gruppe von Erkrankungen durchaus beeinflußt werden konnte, nämlich durch Psychotherapie und soziale Rehabilitation, wozu er neben Arbeitsbeschaffung auch Veränderungen in der familiären Umgebung oder sogar das Auswählen von Kleidung für den Patienten durch den Psychiater rechnete. Auch favorisierte er die gemeindenahe Behandlung – eigentlich unserer heutigen Sozialpsychiatrie sehr ähnliche Grundsätze.

Einen Klinikaufenthalt für Nijinsky hielt er zunächst nicht für nötig, sondern riet Romola Nijinsky, sich scheiden und ihren Mann ziehen zu lassen, damit er als Tänzer seine Karriere nach seinen eigenen Vorstellungen fortsetzen konnte.

Das war natürlich nicht unbedingt im Sinne der Ehefrau, und ein Klinikaufenthalt ließ sich dann doch nicht vermeiden, nachdem Nijinsky am folgenden Tag mit einem großen Messer hantiert und sich in seinem Hotelzimmer verbarrikadiert hatte. Nach zweitägiger Unterbringung in der Klinik Burghölzli wurde Nijinsky verlegt nach Kreuzlingen am Bodensee in eine Privatklinik, die Kuranstalt Bellevue, in der Professor Ludwig Binswanger Chefarzt war. Hier verbrachte Nijinsky 1919 / 20 in einer ersten Periode mehrere Monate, neun Jahre später kam er wieder und blieb 10 Jahre.

Ludwig Binswanger war mit dem philosophischen Denkgebäude der sogenannten »Daseinsanalyse« der Begründer einer neuen psychiatrischen Anthropologie, die ihre Wurzeln in der Existenzphilosopie Heideggers und der Phänomenologie Husserls hat. Mit Sigmund Freud war Binswanger gut befreundet, übernahm auch hin und wieder Patienten von diesem.

Die Kuranstalt Bellevue war eine therapeutische Gemeinschaft im Sinne des Wortes. Auf einem Gelände von 12 000 m^2 mit Blick auf den Bodensee befanden sich 17 Gebäude: Häuser für die Patienten, Wohnungen für die Ärzte und deren Familien, eine zentrale Küche samt Bäckerei, Stallungen, Hydrotherapiezentrum, Turnhalle, Werkstätten. Alle Mitarbeiter lebten auf dem Gelände oder in der unmittelbaren Umgebung. Den 40–80 Patienten stand viermal soviel Behandlungspersonal gegenüber. Für die Dauerpatienten, die nicht mehr in ein weniger geschütztes Milieu umziehen konnten, ließ die Familie Binswanger Privathäuser errichten, in denen sie mit ihren Familien leben konnten. Hier wird natürlich auch schon die Einschränkung der universellen Anwendbarkeit dieser Sozialpsychiatrie sichtbar: die Behandlung konnte sich nur eine sozial sehr hochgestellte Klientel leisten wie die Nijinskys.

Die *Psychopharmakologie*, das heißt die Behandlung mit Medikamenten, spielte bekanntlich in der Zeit vor der Einführung der Neuroleptika in den 50er Jahren eine eher untergeordnete Rolle. Kaum eine Handvoll Medikamente kam zum Einsatz, im allgemeinen solche mit sedierender Wirkung zur Kupierung psychomotorischer Erregungszustände oder zur Schlafförderung.

Nijinskys Arzt in St. Moritz hatte hohe Dosen (bis 4g täglich) von *Chloralhydrat* (heute noch als Hypnotikum verwendet) verschrieben, ein Medikament mit geringer therapeutischer Breite, Gefahr der Leberparenchymschäden, gastrointestinalen Beschwerden, Sucht- und Gewöhnungsgefahr.

Binswanger verordnete (vor allem gegen die masssiven Angstzustände Nijinskys) *Natriumbromid* in einer Dosierung von 3x1g täglich (übliche Dosierung: 0,3–2g), das ebenso wie das Kaliumbromid längst obsolet ist. Zur Nacht bekam Nijinsky *bedarfsweise opiumhaltige* Hypnotika. Die oftmals heftigen Erregungszustände wurden mit Injektionen von Scopolamin (Hyoscin, atropinähnliches Alkaloid) gedämpft in einer Dosierung von 1 mg, oft in Kombination mit 100 mg Morphin (Hauptwirkstoff des Opiums, unterliegt heute der BTM-Verschreibungsverordnung). Scopolamin bzw. Hyoscin gab es auch als Tropflösung.

Hiermit ist auch schon die medikamentöse Behandlung in der damaligen Zeit weitgehend umrissen.

Das macht den Schwerpunkt der psychiatrischen Versorgung damals umso deutlicher, nämlich die *pflegerische Betreuung*. Nijinsky wurde 1919 im sogenannten Parkhaus der Kuranstalt Bellevue, das 26 Patienten Platz bot, untergebracht – heute würden wir dies als geschlossene Männerstation bezeichnen – und erhielt 1:1-Betreuung, das heißt der Pfleger (»Wärter«), schlief nachts im selben Zimmer wie der Patient. Auch in den Zeiten, die Nijinsky nicht in einer Klinik verbrachte, hatte man fast immer einen Pfleger für ihn eingestellt. Wie die Arbeit im pflegerischen Bereich zu Zeiten Nijinskys im Bellevue aussah, dokumentiert der Pflegebericht von Fritz Wieland, der damals Nijinsky betreute und aus dem ich hier kurz zitieren möchte:

»24. Juli 1919: Liegt ruhig im Bett. Um 10 Uhr springt er plötzlich auf, rauft sich wieder die Haare, flüstert fast unhörbar: Ich werde umgebracht. Pat. ballt die Faust, steht auf und droht zu schlagen. Das kann nur verhindert werden, indem er festgehalten wird, und nachdem ich eine zeitlang mit ihm geredet hatte, beruhigte er sich wieder. Später kommt er zu mir, sitzt auf meinem Schoß wie ein Äffchen, läßt sich von mir füttern. Danach wird er ins Bett gebracht und bleibt dort ruhig liegen bis 2 Uhr nachmittags und ißt ein wenig. Dann wieder extrem agitiert, zerrt an seinen Haaren wie schon am Morgen. Dann macht er gymnastische Übungen, klappert mit dem Unterkiefer und stößt kehlige Laut aus wie ein Vierbeiner. . .trinkt eine Tasse Kaffe und ißt Butter, läßt aber alles wieder aus seinem Mund kleckern. Um 3.30 Uhr hält er wieder die Luft an, beruhigt sich allmählich nach einem kurzen Gespräch auf Deutsch und Französisch. Fragt, warum sein Schlafanzug keinen Gürtel hat.«

Waren die Erregungszustände mit Medikamenten oder »Manpower« nicht beherrschbar, mußte der Patient unter Umständen für mehrere Stunden in die *Isolierzelle*[1] verbracht werden oder er bekam ein *Dauerbad.* In einer ärztlichen Verlaufsnotiz vom 13.12.1919 heißt es:

». . .Gegen die Dauerbäder (wegen des Kohlemangels nur zweimal wöchentlich) sträubt er sich anfangs heftig, wird dann aber regelmäßig ruhiger.«

Natürlich weist schon der Verlauf der Erkrankung Nijinskys, die nach dem Vollbild einer floriden Psychose später in ein Residualsyndrom mit Antriebsstörung mündete – immer wieder unterbrochen von akuten Phasen – auf die Schwierigkeiten einer *psychotherapeutischen* Behandlung hin. Zur Frage der Behandelbarkeit bestimmter Krankheitsbilder mit Psychotherapie kommt noch hinzu, daß die analytisch orientierte Psychotherapie bzw. die Psychoanalyse überhaupt noch in den Kinderschuhen steckte; es gab noch keine qualifizierte Ausbildung, auch keine Differenzierung der Verfahren. So wurde, wie es der Behandelnde eben

1 Zur Isolierung unruhiger Kranker, Raum mit Schalldämpfung, unzerbrechlichen Fenstern und möglichst spärlicher, unzerstörbarer Einrichtung.

vermochte, versucht, regelmäßig Gespräche mit Nijinsky zu führen. Abgesehen von der Motivation des Patienten gab es auch noch das Sprachproblem: Deutsch sprach Nijinsky kaum, Französich nur schlecht, nicht eben eine gute Voraussetzung für eine Psychotherapie, die ja die Sprache als wichtigstes Werkzeug braucht. Erst 1934, bei seinem zweiten Aufenthalt in Kreuzlingen, bekam er einen Russisch sprechenden, analytisch ausgebildeten Arzt. Dem aber gelang es in 10 Wochen täglichen Kontaktes nicht, »den Patienten auch nur ein Wort in seiner Muttersprache sagen zu lassen. In seinen guten Tagen ist dieser mutistisch, an aufgeregten Tagen spricht er ausschließlich Französisch.« Nijinsky sei zu diesem Zeitpunkt »dick und fett und stereotyp« gewesen, habe nur »in seinem Lächeln« gelebt.

Alfred Adler, der Wiener Analytiker, der im selben Jahr, also 1934, zu Rate gezogen wurde, war trotzdem optimistisch und machte den Vorschlag, daß Nijinsky nach Wien übersiedelte, um sich dort von einem durch ihn geschulten Arzt behandeln zu lassen. Es kam aber nicht dazu. Nijinsky verweigerte den gewünschten »kreativen Kontakt« zwischen Arzt und Patient und schwieg beim Interview durchgehend.

Der Erfolg der damaligen *nonverbalen Verfahren* ließ ebenfalls zu wünschen übrig. Zur Arbeitstherapie ließ Nijinsky sich nur selten bewegen. Immer wieder wurden Versuche in der Schreinerei und auch der Gärtnerei des Hauses angestellt.

Natürlich bemühte man sich auch, Nijinskys Interesse an musischen und kreativen Dingen, speziell am Tanz, zu reaktivieren, um ihn vielleicht so aus der Psychose zu holen. Von Gestaltungstherapie oder einer speziellen Musik- oder Tanztherapie war natürlich damals noch nicht die Rede. Man musizierte zusammen (Binswanger war Hobbypianist), spielte ihm die Musiken seiner Erfolgsstücke vor, man forderte ihn auf, vor den Mitpatienten zu tanzen, man ließ ihn vortanzen, man nahm ihn mit ins Ballett. Die wenigen spontanen Äußerungen, die Nijinsky in diese Richtung aber tat, wurden von seiner Frau über Gebühr aufgebauscht und an die Presse gegeben (zum Beispiel"Nijinsky tanzt wieder.«) Das hatte z.T vielleicht mit dem Geltungsdrang von Frau Nijinsky zu tun, mehr aber wohl mit ihrer verzweifelten

Hoffnung auf eine Genesung ihres Mannes sowie damit, daß es ihr oblag, für die hohen Behandlungskosten aufzukommen, und Spender und Sponsoren Erfolgsmeldungen haben wollten. Nur einmal, 1945, als die Rote Armee in Ungarn einmarschierte (die Nijinskys hatten den Zweiten Weltkrieg dort verbracht), schien seine innere Barriere kurzfristig aufzutauen. Nijinsky lachte und sang mit den russischen Soldaten (ein Hinweis auf die Bedeutung der Milieugestaltung und die Vernachlässigung der Tatsache, daß Nijinsky seine Heimat lange entbehrt hatte?). Aber auch diese Wirkung hielt nicht lange vor.

An der Art der Behandlung änderte sich in den folgenden Jahren nichts Wesentliches, auch nicht in der Zeit von 1920 bis 1926, als Nijinsky in Paris lebte und wo wiederum alle Psychiater von Rang herangezogen worden sein sollen. Zu erwähnen aus dieser Zeit ist ein stationärer Aufenthalt im Jahre 1926 in einer Privatklinik in Paris, wo neben den üblichen hydrotherapeutischen Anwendungen und Sedativa der Vorschlag zu einer Behandlung gemacht wurde, die heute in der Psychiatrie längst vergessen ist, nämlich die Induzierung eines sterilen Abszesses durch Injektion von 2 ml Terpentin an der Außenseite des Oberschenkels. Die vor allem bei französischen Psychiatern damals beliebte Methode beruht auf der Beobachtung, daß psychische Störungen oftmals zurückzugehen scheinen, wenn die Patienten körperlich krank sind.

Ein ähnliches Prinzip hatte sich Julius Wagner-Jauregg, Klinik Steinhof in Wien, zunutze gemacht, als er die willkürlich herbeigeführte Infektion mit Malaria bei Patienten mit Progressiver Paralyse (Spätstadium der Syphilis mit psychischer Symptomatik) einsetzte.

Ob Nijinsky tatsächlich so behandelt wurde, ist nicht bekannt.

Bekannt ist aber, daß Nijinsky mit zu den Patienten gehörte, bei denen seit Mitte der Dreißiger Jahre die sogenannte *Insulinschockbehandlung* durchgeführt wurde. Zu den sogenannten »Schocktherapien« zählen auch die in derselben Zeit entwickelte Cardiazolkrampf- (heute obsolet) und die heute noch (in modifizierter Form) gebräuchliche Elektrokrampftherapie. Mit diesen Therapien und ihren ersten spektakulären Erfolgen war eine somatisch orientierte Psychiatrie geboren und ging auf den Vormarsch. Die Erfolge relativieren sich bei kritischer Einschätzung des Patientenspektrums, das heißt nicht alle waren an Schizophrenie erkrankte Patienten bzw. es waren solche, die ohnehin einen guten Verlauf gezeigt hätten.

Erfinder der Insulinschockbehandlung war der aus Galizien stammende, in Wien und Berlin, später in New York tätige Arzt Dr. Manfred Sakel. Bei dieser Behandlungsmethode, die richtiger auch Insulinkomatherapie heißt, werden die Patienten durch intramuskuläre Gaben von Alt-Insulin über mehrere Stunden in ein Koma versetzt, das mit anschließender Glukoseinfusion wieder rückgängig gemacht wird. Sakel sah die Ursache der Schizophrenie in einer Dysfunktion der Hirnzellen und meinte, durch eine »Unterbrechung der elementaren interzellulären Bahnen und Konstellationen in den Nervenzellen« deren reguläre Funktion wiederherstellen und die Genesung der Patienten mit schizophrenen Psychosen herbeiführen zu können. Auf der Annahme der »Dysfunktion« der Hirnzellen beruhen ja auch die heutigen Neurotransmitterhypothesen in der Psychopharmakologieforschung bzw. in der biologischen Psychiatrie. Sakel überwachte persönlich 1938 die erste Insulinkur bei dem prominenten Patienten Nijinsky in Kreuzlingen.

Diese rigorose Behandlung, die mit einem hohen Risiko (Mortalität um die 10%, wenn nicht höher) behaftet ist, war nie unumstritten. Ihre Befürworter verkündeten: »Wir werden uns nicht mehr damit begnügen, einen kranken Geist nur mit Philosophie und Worten zu behandeln« (Foster Kennedy), während ihre Gegner meinten, Schocktherapie sei etwa so, als wolle man eine Schweizer Uhr mit dem Hammer reparieren. Auch Binswanger, der Philosoph-Psychiater, war äußerst skeptisch und verbot schließlich die weitere Behandlung an seiner Klinik, zumal sie auch kaum Wirkung zeigte. Nijinsky bekam in Kreuzlingen insgesamt 48 »Schocks« mit Insulindosen bis zu 150 Einheiten.

Romola Nijinsky aber hatte all ihre Hoffnungen auf Sakels Methode gesetzt. Im Dezember 1939 wurde ihr Mann ins Kantonshospital Münsingen (bei Bern) verlegt. Der dortige Chefarzt, Dr. Max Müller, galt als der erfahrenste Insulintherapeut in der

Schweiz (Sakel war inzwischen in die USA emigriert). Nijinskys zweite Insulinkur umfaßte insgesamt 180 »Schocks«, erstreckte sich also über ein halbes Jahr. Geholfen hat sie dem chronisch kranken Nijinsky kaum, und wohl nicht zu unrecht ist diese Behandlungsmethode mit dem Aufkommen der Neuroleptika wieder von der Bildfläche verschwunden.

Hiermit waren im Falle Nijinskys die seinerzeit zur Verfügung stehenden Behandlungsmethoden der Schulmedizin weitgehend ausgereizt, und man kann davon ausgehen, daß Nijinsky aufgrund seiner privilegierten Situation und des Betreibens seiner Ehefrau die neuesten Verfahren zukamen. Angesichts der Tatsache, daß es aber nicht, wie ihm und seiner Frau häufig versprochen, zu einer Besserung, geschweige denn zu einer Heilung gekommen war, nimmt es kaum Wunder, daß auch zu außermedizinischen, bzw. wie Romola Nijinsky es nannte »verzweifelten Mitteln« gegriffen wurde.

Dazu gehörten so harmlose Ratschläge wie eine erneute Vaterschaft für den Patienten (1920, also schon nach Erkrankungsmanifestation wurde die zweite Tochter Tamara geboren) wie auch eine Wallfahrt nach Lourdes in Frankreich. Aber weder dies noch das Aufsuchen von »Fakiren, Wunderheilern und der Christian Science« brachten das erhoffte Resultat. Nijinsky konnte nie mehr tanzen oder choreographieren, sondern fristete als chronischer Invalide sein Leben bis zu seinem Tode 1950.

Auch Eugen Bleuler war klar, daß die ärztlichen Kunst auf dem Gebiet der psychiatrischen Erkrankungen Mängel aufwies und zeigte Verständnis, daß Patienten und Angehörige auch auf Außenseitermethoden (»Pfuscher«, wie er sie nannte) zurückgriff. In seiner Schrift: »Das autistisch-undisziplinierte Denken in der Medizin und seine Überwindung« aus dem Jahre 1919 äußerte er sich dazu folgendermaßen:

> »...Warum sollen wir uns ärgern, wenn er [der Patient] zu einem für den Fall passenden unschädlichen Heilkünstler wie zu einem Heiligen geht, wo die Schwingungen seiner Seele mit denen der Umgebung übereinstimmen? Warum geht das Publikum noch zum Pfuscher? Weil wir ihm nicht genügen.... Und die Moral des Versagens der Medizin ist eben die: Wir sollen den Pfuscher nicht fürchten und

nicht hassen und auch nicht unsere Augen vor ihm schließen, sondern wir wollen ihn studieren so wie die Naturforscher...«.

Ich möchte hiermit meinen kleinen Exkurs in die Psychiatriegeschichte am Fall Nijinsky beschließen. Was sich seither verändert hat, was wir gewonnen haben und wo wir in der Behandlung psychiatrischer Erkrankungen heute stehen, habe ich angedeutet. Vielleicht werden Ihnen auch die in Teil II und III aufgenommenen Beiträge zum Schicksal alternativer psychiatrischer Therapieansätze einige neue Denkanstöße geben.

Literatur

Vaslav Nijinsky – A Leap into Madness von Peter Ostwald, Robson Books Ltd, London, 1991. Nachtrag 1999: Deutsche Ausgabe: Peter Ostwald, »Ich bin Gott« – Waslaw Nijinski, Leben und Wahnsinn. Aus dem Amerikanischen übersetzt von Christian Golusda. Mit einem Vorwort zur deutschen Ausgabe von John Neumeier. Europäische Verlagsanstalt, 1997

AG's Lebenslauf (Subjektorientierung)
Institutionalisierung
bekannte Namen der Psychiatrie Who is Who
damalige Behandlungsmethoden
↳ Auswirkungen auf heute

Lichttherapie: Vom belächelten Außenseiter zum Etablierten

Peter Fey, Wilfried Köhler, Burkhard Pflug

Entwicklung der Diagnose der saisonalen Depression

Immer wieder tauchten in der medizinischen Literatur Einzelfallbeschreibungen von Patienten auf, deren depressive Episoden regelmäßig in den »dunklen« Monaten Oktober bis März auftraten. Es dauerte jedoch bis 1980 bis sich die wissenschaftliche Forschung diesem Phänomen annahm. Der amerikanische Psychiater J. Lewy erforschte die Wirkung hellen weißen Lichts auf den Menschen (7). Er entdeckte, daß sich die Ausschüttung des Hormons Melatonin, das im allgemeinen nur Nachts erfolgt, von hellem Licht unterdrücken läßt. In einer Einzelfallstudie gab er nun einem Patienten, der an einer bipolaren Störung mit immer im Herbst / Winter auftretenden Depression und hypomanen Phasen im Sommer litt, mehrere Stunden täglich künstliches Licht. Schon nach kurzer Zeit waren die Beschwerden des Patienten gebessert.

Eine Forschergruppe um N. Rosenthal vom National Institute for Mental Health (NIMH) in Bethesda untersuchte dann systematisch eine Gruppe von saisonal depressiven Patienten und die Wirkung von hellem weißen Licht auf deren Beschwerden (9). Sie führten den Begriff der **s**aisonal **a**ffective **d**isorder (SAD) ein und ordneten ihn als eine Unterform der endogenen Depression ein. 1987 fand diese Diagnose Eingang in das amerikanische

Diagnostics and Statistcal Manual of Mental Disorders DSM-III-R.

Die derzeit gültige DSM IV (1) bestimmt für die SAD folgende diagnostische Kriterien:

A. Es besteht ein regelmäßiger zeitlicher Zusammenhang zwischen dem Auftreten von depressiven Episoden bei Bipolar I oder II Störung oder rezidivierender Major Depression und einer bestimmten Jahreszeit (zum Beispiel regelmäßiges Auftreten einer Episode einer Major Depression im Herbst oder Winter). **Anmerkung**: Fälle mit offensichtlichem Einfluß von saisonal bedingten psychosozialen Belastungsfaktoren werden nicht gewertet (zum Beispiel regelmäßige Arbeitslosigkeit im Winter)

B. Vollständige Remission (oder ein Wechsel von Depression zu Manie oder Hypomanie) treten ebenfalls zu einer bestimmten Jahreszeit auf (zum Beispiel die Depression remittiert regelmäßig im Frühling).

C. In den vergangenen zwei Jahren sind zwei Episoden einer Major Depression mit saisonaler Abhängigkeit gemäß den Kriterien A und B aufgetreten; in diesem Zeitraum sind keine nicht-saisonabhänige Episoden einer Major Depression aufgetreten.

D. Die Gesamtzahl der saisonabhängigen Episoden einer Major Depression (wie oben beschrieben) geht im Langzeitverlauf der betroffenen Person deutlich über die Gesamtzahl der nicht-saisonabhängigen Episoden einer Major Depression hinaus.

Mitte der achtziger Jahre begannen die ersten Forschergruppen in Europa, zunächst in Basel (12) und später in Frankfurt am Main (3,5), die Ergebnisse aus den USA zu reproduzieren. Die Evaluationsstudien wurden, wie bei Studien zur Wirksamkeit von Psychopharmaka, nach Möglichkeit Placebokontrolliert unter Doppelblindbedingungen durchgeführt. Als »Placebolicht wurde angenehm gelbrotes Licht mit einer unter der Wirkungsschwelle zur Therapie bei SAD gelegenen Helligkeit gegeben. Um auch beim Untersucher Blindbedingungen herzustellen, wurden zum Beispiel die Ratings für die Fremdbeurteilung auf Video aufgezeichnet, von allen Hinweisen auf die

Art der Therapie herausgeschnitten und einem zweiten Untersucher vorgelegt.

Inzwischen kann die Lichthterapie bei Patienten mit einer saisonalen Depression als Mittel der ersten Wahl angesehen werden. Sie hat ihre Wirksamkeit in Studien mit Hunderten von Patienten gezeigt. Die Ergebnisse der Lichttherapie bei nicht-saisonalen endogenen Depressionen sind widersprüchlich. Vereinzelte Arbeiten, in denen auch hier ein guter Effekt gezeigt werden konnte, stehen solchen gegenüber, die keinen von einer Placebowirkung zu unterscheidenden Effekt durch die Lichthterapie endogener Depressionen zeigen. Nach unseren eigenen Erfahrungen setzen wir die Lichttherapie bei nicht-saisonalen endogenen Depressionen nur dann vereinzelt ein, wenn »atypische« Symptome (s.u.) vorhanden sind.

Die Symptome der SAD weisen gegenüber des typischen Erscheinungsbildes der Depression einige Besonderheiten auf, die schon früher bei einem Teil der nicht-saisonalen depressiv Erkrankten beobachtet und als atypische Depression beschrieben wurden. So haben Patienten mit einer SAD häufig eine Hypersomnie. Sie schlafen im Winter, insbesondere morgens, viel länger als im Sommer. Dennoch sind sie tagsüber häufig unausgeschlafen und müde. Verlieren andere endogen depressive Patienten während ihrer Depression oft mehrere Kilogramm an ihrem Körpergewicht, zeigen Patienten mit einer SAD die gegenteilige Tendenz. Sie nehmen oft an Gewicht zu, meist einige Kilogramm, und sie verlieren diese Pfunde, ohne nach einer speziellen Diät zu leben, im Sommer wieder. Auffällig ist ein besonderer Heißhunger nach kohlenhydratreicher Nahrung wie Süßigkeiten, Teigwaren und Kartoffeln.

Diese »atypischen« Symptome treten zwar bei vielen Patienten mit einer »Winterdepression« auf, sind aber nicht obligat bei allen Betroffenen vorhanden. Typische psychopathologische Symptome sind, wie bei anderen Depressiven auch, die Antriebsverminderung, Schwermut, Konzentrationsstörungen, Verlust des Empfindens für Freude, vermehrtes Angstempfinden, Reizbarkeit, Libidoverringerung, Schwierigkeiten bei der Bewältigung der Arbeit und sozialer Rückzug.

Epidemiologie der saisonalen Depression

Anfangs gestaltete es sich recht schwer, an Patienten mit einer saisonalen Depression für Forschungszwecke zu gelangen. Obwohl die Zahl der unter SAD leidenden Patienten mit etwa 5% der Bevölkerung angenommen wird, abhängig vom Breitengrad (i.e. der Tageslichtdauer). Zählt man die Menschen dazu, deren Schweregrad der Beschwerden nicht die Kriterien einer majoren Depression erreichen, ist der Anteil an subsyndromaler saisonaler Depression in verschiedenen Studien mit bis zu 25% der Bevölkerung angegeben. Trotz Hinweisen in den Bild- und Printmedien auf das Krankheitsbild und die Lichttherapie meldeten sich nur vereinzelt Patienten in Frankfurt. Dies änderte sich schlagartig nach einer Veröffentlichung in der lokalen Presse, war doch in diesem Artikel der Hinweis vorhanden, wo man sich hinwenden könne. Im Gegensatz zu den vorherigen Publikationen entfiel damit das lästige Hindurchfragen durch Redaktionen etc.

Es stellten sich binnen kürzester Zeit über Hundert ambulante Patienten vor. Zur Diagnosesicherung und Erhebung der epidemiologischen Daten wurden diese einem etwa einstündigen teilstrukturiertem Interview unterzogen. Von den o.g. Patienten wurden 89 mit einer Seasonal Affective Disorder (SAD) nach DSM IV diagnostiziert (2). Dabei waren 67 Patienten weiblich und 22 männlich. Das Durchschnittsalter betrug 40.6 Jahre, der mittlere Krankheitsbeginn lag bei 28.5 Jahre, die Krankheitsdauer betrug im Mittel 12.1 Jahre (s. Tab. 1).

Die Rekrutierung der Patienten gelang zu 13% durch eine Überweisung von einem Arzt, zu 8% durch Hinweise aus der Bekanntschaft und des Freundeskreises, zu 65% durch Hinweise aus der Zeitung und zu 3% durch Hinweise aus dem Fernsehen.

Als mögliche Auslöser für ihre Erkrankung gaben die Patienten mit 13% einen familiären oder einen Partnerschaftskonflikt an. Einen sozialen Konflikt oder einen Ortswechsels sahen jeweils 9% als möglichen Auslöser, Krankheiten oder einen Unfall jeweils 2%. Keinen Auslöser fanden 64%.

	Deutschland	UK	Schweiz	USA
Durchschnittsalter	41 Jahre	41 Jahre	41 Jahre	41 Jahre
Geschlechterverhältnis	3:1 (w:m)	9:1 (w:m)	2.7:1 (w:m)	6.1:1 (w:m)
Durchschnittsalter bei erster Episode	29 Jahre	24 Jahre	27 Jahre	27 Jahre
Durchschnittliche Anzahl der Episoden	11	17	k.A.	10
Durchschnittliche Dauer der Episoden	18 Wochen	18 Wochen	23 Wochen	17 Wochen

Tab. 1: Epidemiologievergleich von Patienten mit einer saisonalen Depression (Deutschland N=89; UK N=51; Schweiz N=22; USA N=29) (UK – Thompson & Silverstone 1989; Schweiz – Wirtz-Justice et al., USA – Rosenthal et al. 1984)

Ein großer Teil der Patienten war bereits früher wegen Depressionen behandelt worden. Psychopharmaka erhielten 42%, eine Psychotherapie hatten 38% der Patienten absolviert, 18 % der Patienten waren bereits stationär behandelt worden (s. Tab. 2).

Anamnese	Deutschland	UK	Schweiz	USA
stationäre Behandlungen	18%	18%	14%	10%
Antidepressiva	26%	49%	68%	42%
keine Medikation	58%	51%	27%	31%

Anamnese	Deutschland	UK	Schweiz	USA
Familienanamnese mit Depressionen	35%	25%	67%	69%

Tab. 2: Anamnesevergleich von Patienten mit einer saisonalen Depression (Deutschland N=89; UK N=51; Schweiz N=22; USA N=29) (UK – Thompson & Silverstone 1989, Schweiz – Wirtz-Justice et al., USA – Rosenthal et al. 1984)

Erfahrungen mit autogenem Training hatten 28% der Betroffenen, mit Yoga 15% und mit anderen Formen der Meditation 7%. Dabei praktizierten die Patienten nur in wenigen Fällen AT alleine, das sie oft während einer stationärer Behandlung in Gruppen erlernt hatten.

Im psychopathologischen Befund zeigten 98% der Patienten eine Aktivitätsabnahme, 96% eine eingeschränkte Arbeitsfähigkeit und 94 % sozialen Rückzug. Über Antriebsmängel klagten 85%, über Traurigkeit 82% und über Angst 66%. Reizbarkeit erlebten 57% der Betroffenen, Konzentrationsstörungen 43%. Suicidalität in der Vorgeschichte wiesen 22% der Patienten auf, grundloses Weinen wurde von 15% der Befragten angegeben (s. Tab. 3).

Psychopathologie	Deutschland	UK	Schweiz	USA
Traurigkeit	82%	96%	91%	100%
Angst	66%	86%	86%	72%
Reizbarkeit	57%	77%	100%	90%
Aktivitätsabnahme	98%	100%	100%	100%
sozialer Rückzug	94%	98%	100%	100%

Psychopathologie	Deutschland	UK	Schweiz	USA
Arbeitsprobleme	96%	100%	100%	97%

Tab. 3: Psychopathologievergleich von Patienten mit einer saisonalen Depression (Deutschland N=89; UK N=51; Schweiz N=22; USA N=29) (UK – Thompson & Silverstone 1989, Schweiz – Wirtz-Justice et al., USA – Rosenthal et al. 1984)

Drei Viertel der Patienten berichteten über Veränderungen bei der Nahrungsaufnahme. Dabei wurde eine Appetitzunahme von 43%, eine Appetitabnahme von 26% der Patienten berichtet. Eine Gewichtszunahme wurde bei 53%, eine Gewichtsabnahme bei 19% beobachtet, ein Kohlenhydratheißhunger verspürten 66% der Patienten (s. Tab. 4).

Die durchschnittliche Schlafdauer der Patienten betrug im Winter 9.1 Std., im Sommer 7.8 Std. (s. Tab. 4). Einen verlängerten Schlaf im Winter berichteten 70%, eine verkürzte Schlafdauer 8%. Eine verminderte Schlafqualität empfanden 52%, nächtliches Erwachen trat bei 40% der Patienten auf. Mittagsschlaf hielten 25% nur im Winter, 8% nur im Sommer, Mittagsschlaf im Winter und Sommer hielt 1% der Patienten, keinen Mittagsschlaf berichteten 65% der Patienten.

vegetative Symptomatik	Deutschland	UK	Schweiz	USA
Appetitzunahme	43%	74%	45%	66%
Appetitabnahme	26%	16%	45%	23%
Gewichtszunahme	53%	84%	55%	76%

vegetative Symptomatik	Deutschland	UK	Schweiz	USA
Gewichts-abnahme	19%	6%	23%	3%
Kohlenhydrat-heißhunger	66%	82%	77%	79%
Schlafdauer im Winter	9,1 Std.	8,8 Std.		
Schlafdauer im Sommer	7,8 Std.	6,9 Std.		

Tab. 4: Vergleich vegetativer Symptome von Patienten mit einer saisonalen Depression (Deutschland N=89; UK N=51; Schweiz N=22; USA N=29)
(UK – Thompson & Silverstone 1989; Schweiz – Wirtz-Justice et al.; USA – Rosenthal et al. 1984)

Der Schlafbeginn war bei 35% früher, bei 10% später als im Sommer, einen unveränderten Schlafbeginn wiesen 55% der Patienten auf. Das Aufwachen war bei 9% früher, bei 55% später als im Sommer. Ein unverändertes Aufwachen zeigten 36% der Befragten.

Insgesamt gesehen war eine Phasenverlängerung des Schlafes morgens und abends bei 18%, eine Phasenverlängerung morgens bei 30%, eine Phasenverlängerung abends bei 15% der Patienten zu erkennen. Eine Schlafphasenverschiebung zum Morgen zeigten 7%, eine Phasenverschiebung zum Abend 2%, eine Schlafphasenverkürzung morgens 6% und eine Phasenverkürzung abends 2%. Eine unveränderte Schlafphase berichteten 19% der Patienten.

In der Familienanamnese fanden sich bei 35% der Befragten depressive Syndrome bei Verwandten ersten Grades, andere psychiatrische Diagnosen bei 2%.

Auf die Frage, wann es den Patienten während ihrer gesunden Phasen am besten ginge, schätzten sich 40% der Befragten als Morgentyp, 2% als Mittagstyp, 16% als Nachmittagstyp und 34% als Abend-Nachttyp ein. 8% konnten keine Typisierung vornehmen.

Regelmäßig jedes Jahr erkrankten 88% nahezu ausschließlich zum selben Zeitraum. Eine Intensitätszunahme beobachteten 38%, eine Intensitätsabnahme 4%. Eine wechselnde Intensität der Beschwerden schilderten 18% der Patienten, bei 40% war die Intensität immer gleich. Die Qualität der Veränderungen änderte sich bei 15% der Befragten, eine immer gleiche Qualität sahen 85% der Patienten.

Der Krankheitsbeginn lag bei 3% im September, bei 35% im Oktober, bei 50% im November, bei 9% im Dezember und bei 2% im Januar. Die Krankheitsphasen endeten zu 8% im Dezember, zu 16% im Januar, zu 30% im Februar, zu 28% im März , zu 11% im April und zu 6% im Mai.

Maniforme Syndrome im Frühjahr, zu denen auch hypomane Nachschwankungen der Depression, zählten traten bei 18% der Patienten im Frühjahr und bei 27% im Sommer auf.

Bezüglich ihrer Lichtempfindlichkeit stuften sich 52% als »sensibler« als ihre Umgebung ein, 42% meinten, daß sie »durchschnittlich lichtempfindlich« seien und 7% schätzten sich »geringer lichtempfindlich« ein. Die Frage, ob sie bei nicht abgedunkeltem Raum bei zunehmender Helligkeit von alleine aufwachten, bejahten 52% der Befragten. 39% meinten, daß sie häufiger eine Sonnenbrille als andere Menschen tragen.

In der medizinischen Vorgeschichte gaben 45% eine Hypotonie, 9% eine Hypertonie, 37% eine Allergie, 36% Kopfschmerzen und / oder Migräne, 24% rheumatische Beschwerden, 22% ein Schilddrüsenleiden, 9% ein Nierenleiden, 5% eine Herzerkrankung und je 7% einen Diabetes, ein Magen / Darmleiden und Lebererkrankungen an.

Theorien zum Wirkmechanismus der Lichttherapie

Nachdem in Studien bei Patienten mit einer SAD die Wirksamkeit einer Lichttherapie von >=2500 Lux gegenüber Placebo gezeigt werden konnte, stellte sich natürlich die Frage, über welchen Mechanismus die Lichttherapie wirkt. Verschiedene Hypothesen wurden aufgestellt und wieder in Frage gestellt: Die meisten dieser Hypothesen beruhen auf Konzepten aus der Chronobiologie. Viele unserer Körperfunktionen unterliegen rhythmischen Schwankungen. Die bekanntesten Rhythmen dürften der circadiane (= etwa einen Tag dauernde) Rhythmus des Schlafs sein. Aber auch viele andere physiologische und psychische Funktionen unterliegen circadianen Rhythmen. Bekannt sind auch ultradiane (= kürzer als einen Tag dauernd) und infradiane (= länger als einen Tag dauernd) Rhythmen.

Die innere Uhr des Menschen, ein Multiozillatorsystem aus mindestens zwei Oszillatoren (Schwingungsgebern), steuert unterschiedliche psychologische und physiologische Funktionen (4). Unter zeitgeberfreien Bedingungen, zum Beispiel in Bunkerversuchen mit konstanten Lichtbedingungen, können diese Oszillatoren mit unterschiedlichen Periodenlängen schwingen, so daß die normale zeitliche Ordnung verschiedener Rhythmen zueinander sich verschiebt, desynchronisiert. Zum anderen zeigen circadiane Rhythmen unter »Freilaufbedingungen« (= keine Zeitgeber) Periodenlängen von meist mehr als 24 Stunden. Diese circadianen Rhythmen müssen also jeden Tag wieder neu auf den 24-Stundentag synchronisiert werden, ansonsten würde sich zum Beispiel der Schlaf-Wach-Rhythmus von Tag zu Tag verschieben. Aus dem Tierreich wissen wir, daß Licht dort der wichtigste und stärkste Zeitgeber ist, der das circadiane System synchronisiert.

Man vermutete zunächst, daß die verkürzte Photoperiode, das heißt das Verhältnis zwischen Hell und Dunkel, im Winter bei entsprechend prädisponierten Patienten der Auslöser für die depressiven Beschwerden sein könnte. Die verkürzte Photoperiode im Winter, an deren Dauer sich Lebewesen bezüglich der Stellung im Jahr orientieren, wird durch die Gabe von Licht morgens und abends verlängert. Durch die verkürzte Photoperiode im Winter wird die nächtliche Melatoninsekretion verändert. Eine Lichttherapie morgens und / oder abends unterdrückt die Melatoninsekretion. Gegen diese Theorie spricht die Wirksamkeit einer Lichttherapie am Mittag.

Einige der Patienten mit SAD zeigten in unseren Studien eine Phase-Advance-Beziehung der Körperkerntemperatur und des

Schlaf-Wach-Rhythmus. Wie in den Daten zur Epidemiologie gezeigt, überwiegt bei den Patienten ein in den Morgen hinein verlängerter oder verschobener Schlaf-Wach-Rhythmus (delay). Aber auch Patienten ohne veränderte Phasenbeziehungen reagieren auf eine Lichttherapie und der therapeutische Effekt der Therapie ist nicht in allen Fällen mit Veränderungen innerhalb des circadianen Systems verknüpft.

Denkbar wäre auch eine Reduktion der Amplitude circadianer Rhythmen als Auslöser der SAD oder aber eine Instabilität innerhalb des circadianen Systems. Beide Hypothesen konnten bisher wegen des hierzu nötigen aufwendigen Studiendesigns nicht untersucht werden.

Studie des Ministeriums für Forschung und Technologie

Mit der Fragestellung, ob die Wirkung der Lichttherapie auf einer Zeitgeberfunktion beruht, führten wir die folgende Studie durch (8):

Von 141 Patienten, die nach einer fragebogenorientierten Vorauslese zu einem Interview einbestellt wurden, erhielten 89 die Diagnose einer Winterdepression. Von diesen waren 42 bereit, an der Studie teilzunehmen. Es wurden also 3 Therapiegruppen gebildet:

1. Behandlung mit Licht (2.500 Lux) von 6.00–8.00 Uhr
2. Behandlung mit körperlicher Aktivierung (Fahrradergometertraining, »Aktivitätspuls« von 6.00–8.00 Uhr)
3. Behandlung mit hellem Licht, 2 Std. pro Tag, zu täglich wechselnden Zeiten zwischen 10 und 16 Uhr.

Von den randomisiert zur »Aktivitätsgruppe« zugeordneten Patienten erhoben trotz der vorherigen Aufklärung nach der Zuteilung so viele Patienten Einwände (»keine Therapie mit Licht«), daß in dieser Gruppe nur 8 Patienten untersucht werden konnten. Durch den hohen Anteil an berufstätigen Patienten konnten der Gruppe mit wechselnden Lichttherapiezeiten nur Patienten zugeordnet werden, die nicht berufstätig waren.

Vor Behandlungsbeginn wurde eine Baseline-Bewertung vorgenommen, die neben der Anamneseerhebung eine ärztlichen Untersuchung zur Überprüfung der Ein- und Ausschlußkriterien beinhaltete sowie die Fremd- und Selbstbewertung der Depressivität (Hamilton Rating Scale, DS / DS' nach von Zerssen).

Die Behandlung erstreckte sich anschließend über zwei Wochen. Die Patienten erhielten die jeweils verwendeten Lichtschirme oder das Fahrradergometer mit nach Hause. Jeder Patient erhielt zusätzlich einen Zeitplan, aus dem hervorging, zu welchem Zeitpunkt der Patient sich in den folgenden Tagen vor dem Lichtschirm aufhalten sollte. Bei Patienten der Lichtgruppe wurde die Expositionszeit randomisiert über den Tag verteilt; die Patienten der Zeitgebergruppe hielten sich von 6.15–7.45 vor dem Schirm mit gelbem dunklem Licht (»Placebolicht«) auf, und erbrachten von 6.00–8.00 an dem Fahrradergometer eine vorgegebene Leistung. Während des Versuchs wurden die Patienten wöchentlich zum Rating in die Klinik einbestellt.

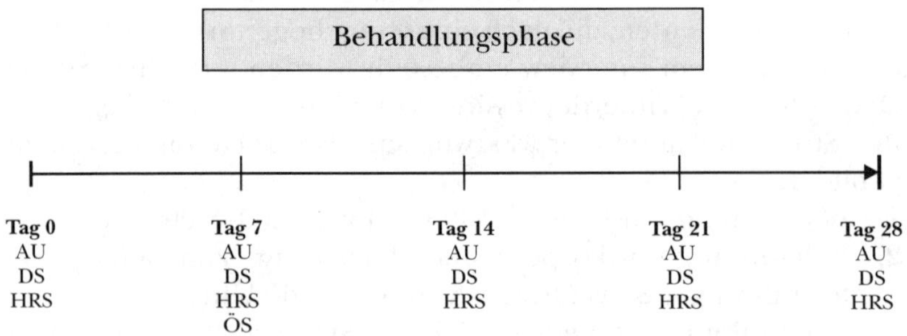

Abb. 1: Versuchsdesign
(AU = Ärztliche Untersuchung; DS = Depressivitätsskala nach v. Zerssen, HRS = Hamilton-Rating-Skala, ÖS =Östberg-Test)

Die wöchentlichen Ratings wurden auch nach der zweiwöchigen Therapiephase eine Woche lang fortgesetzt, um ein Bild über den weiteren Verlauf zu gewinnen. Wenn sich ein Patient danach auf einen Wert über 15 Hamiltonpunkte verschlechterte oder bis zum Tag 21 keine deutliche Besserung zeigte, wurde ihm angeboten, einen erneuten Therapieversuch, jetzt nach dem jeweils anderen Versuchschema, zu unternehmen. Nebenwirkungen wurden frei erfaßt. Abbruchkriterien waren akute Suizidalität oder das Verlangen des Patienten nach Beendigung.

Auswertung

Die Prüfung der Besserung unter der Therapie wurde durch einen intrapersonellen Faktor (Meßwiederholungen) mit 5 Stufen, die Prüfung der Therapieverfahren durch einen interpersonellen Faktor mit 3 Stufen (Behandlung je einer Gruppe mit einem Verfahren) in einem gemeinsamen Design geprüft. Die Voraussetzung für die Anwendung einer ANOVA konnten aufgrund von Normalverteilungsprüfungen und der Prüfung auf Sphärizität als gegeben angesehen werden.

Die Varianzanalyse brachte keinen signifikanten Therapiemethodeneffekt, dagegen einen hochsignifikanten Effekt der Therapiedauer. Das heißt, es zeigten sich keine Unterschiede zwischen den einzelnen Behandlungsmethoden, dagegen eine deutliche Verbesserung im Verlauf der Therapie bei allen Behandlungsgruppen.

Bei der Betrachtung der mittleren Therapieverläufe fällt auf, daß die Besserung zwischen dem 7. und 21. Tag stattfand, also während der eigentlichen Therapiedurchführung, nicht jedoch in der therapiefreien Vorlaufwoche und auch nicht in der Woche nach Beendigung der Therapie. Hier war der Zustand weitgehend gleich geblieben.

Die Überprüfung durch die in Anschluß an die obigen ANOVA durchgeführten Einzelprüfungen brachten durchgängig Unterschiede zwischen dem 7. und 21. Tag, die bei allen 3 Gruppen mit einem explorativen (formalen) p .05 »signifikant« waren, nicht jedoch zwischen dem 1. und 7. sowie zwischen dem 21. und 28.

Tag. Weder zu Beginn noch am Ende der Therapie zeigte sich ein solcher Unterschied zwischen den einzelnen Therapiemethoden (einfache Varianzanalyse mit anschließendem Scheffé-Test, exploratives p jeweils .05).

Zur Illustration der (klinisch wichtigen Einzelverläufe) sind die Abbildungen 2 a bis c (Fremdbeurteilung) und 3 a bis c (Selbstbeurteilung) beigefügt.

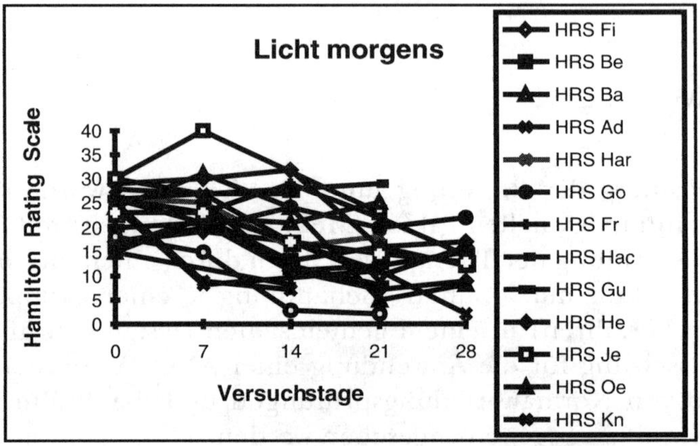

Abb. 2a: Verläufe der Depressivität von SAD-Patienten in der Behandlungsgruppe »Licht morgens« in der Fremdbeurteilung (HAMD)

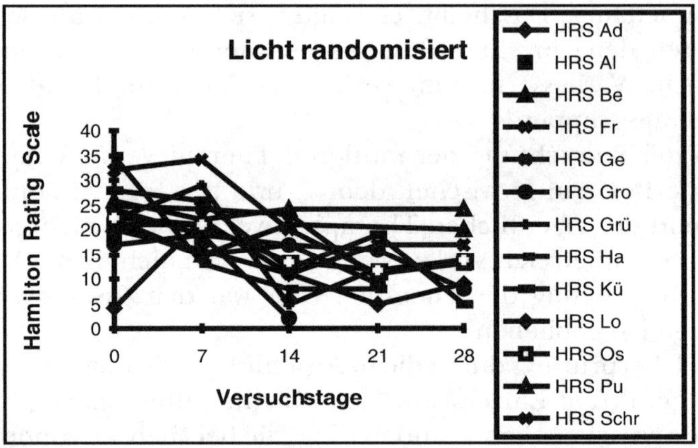

Abb. 2b: Verläufe der Depressivität von SAD-Patienten in der Behandlungsgruppe »Licht randomisiert« in der Fremdbeurteilung (HAMD)

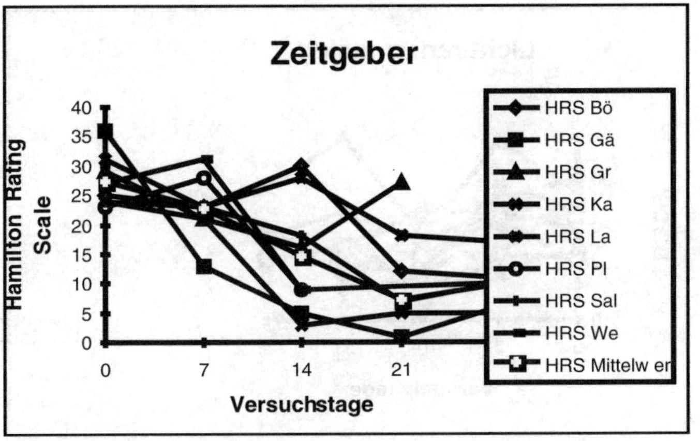

Abb. 2c: Verläufe der Depressivität von SAD-Patienten in der Behandlungsgruppe »Zeitgeber« in der Fremdbeurteilung (HAMD)

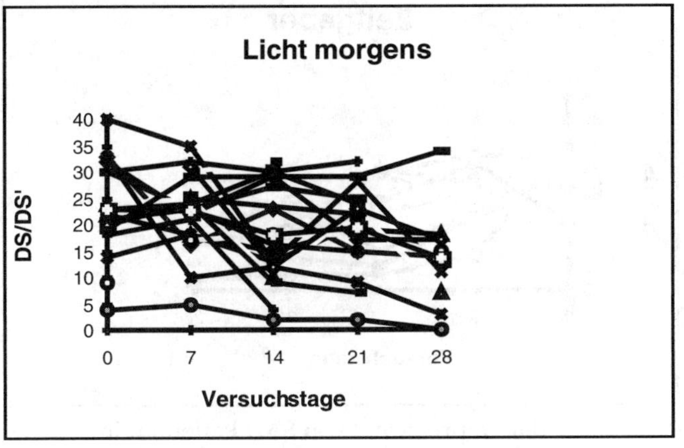

Abb. 3a: Verläufe der Depressivität von SAD-Patienten in der Behandlungsgruppe »Licht morgens« in der Selbstbeurteilung (DS / DS')

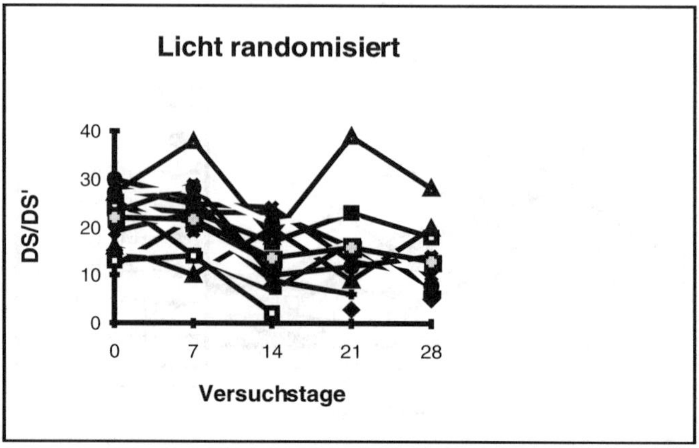

Abb. 3b: Verläufe der Depressivität von SAD-Patienten in der Behandlungsgruppe »Licht randomisiert« in der Selbstbeurteilung (DS / DS')

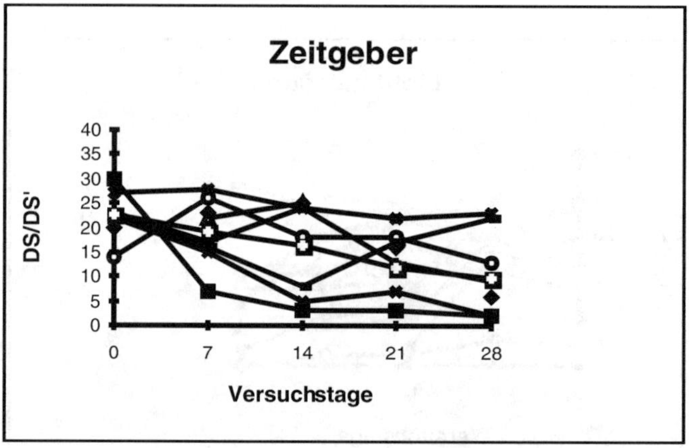

Abb. 3c: Verläufe der Depressivität von SAD-Patienten in der Behandlungsgruppen »Zeitgeber« in der Selbstbeurteilung (DS / DS')

Die Lichttherapie ist ein in der Wirksamkeit gut untersuchtes Verfahren zur Behandlung der saisonalen Depression. Ein Wirkmechanismus scheint die Wirkung auf das circadiane System zu sein, wenngleich dies nicht in allen Fällen zur Erklärung des therapeutischen Effekts ausreicht. Weitere Indikationen sind bei Störungen des circadianen Systems, zum Beispiel Jet Lag und

Anpassungsstörungen bei Schichtarbeit und einigen Schlafstörungen gegeben.

Literatur

(1) American Psychiatric Association (APA) DSM-IV: Diagnostic and statistical manual of mental disorders. APA-Press, Washington (1994). Deutsche Übersetzung aus: Diagnostisches und statistisches Manual psychischer Störungen DSM IV, Hogrefe, Göttingen (1996)

(2) Fey, P., Köhler, W.K., Pflug, B.: Epidemiology of seasonal affective disorders, Chronobiology international (1996) Vol.13, Suppl.1, S.29

(3) Köhler, W.K.: Symptomatik, Ätiologie und Therapie der Winterdepression. Wissenschaftsjournal Forschung und Praxis der Ärztezeitung (1989) 8, Nr.89 4-6

(4) Köhler, W.K., Pflug, B.: Lichtherapie depressiver Erkrankungen. In: Pflug, B., Lemmer, B.(Hrsg.) Chronobiologie und Chronopharmakologie. Fischer, Stuttgart, New York (1989), 81

(5) Köhler, W.K., Pflug, B.: Chronobiologie und Depression. Münch. med. Wschr. (1991) 133: 65-68

(6) Köhler, W.K., Fey, P., Schmidt, KP., Pflug, B.: Zeitgeber und das circadiane System bei depressiven Patienten. In: P. Baumann (Hrsg.) Psychologische Psychiatrie der Gegenwart, Springer Verlag Wien, New York (1993,) 233-237

(7) Lewy, A.J., Sack, RL., Hoban, TM.: Antidepressant and circadian phase-shifting effects of light. Science (1987) 235: 352-354

(8) Pflug, B. et al.: Therapie affektiver Erkrankungen durch Beeinflussung des circadianen Systems. Schlußbericht des BMFT-Vorhabens

(9) Rosenthal, N.E., Sack, D.A., Gillin, J.C., Lewy, A.J., Goodwin, F.K., Davenport, Y., Mueller, PS., Newsome, D.A., Wehr, T.A.: Saisonal affective disorder: A description of the

syndrome and preliminary findings with light therapy. Arch Gen Psychiat (1984) 41:72-80

(10) Terman, M. et al.: Light therapy for seasonal affective disorder. A review of efficiacy. Neuropsychopharmacology (1989)2:1-21

(11) Wever, R.: The circadian system of man: results of experiments under temporal isolation. Springer Verlag, New York (1979)

(12) Wirz-Justice, A., Bucheli, C., Graw, P., Kielholz, P., Fisch, HU., Woggon, B.: Light treatment of seasonal affective disorder in Switzerland. Acta Psychiatr. Scand (1986) 74:193-204

(13) Zulley, J., Wirz-Justice, A. (Hrsg.): Lichttherapie, Roderer, Regensburg (1995)

Kontaktadresse:

Dr. Peter Fey
Klinikum der Johann Wolfgang Goethe Universität
Zentrum der Psychiatrie
Klinik für Psychiatrie und Psychotherapie II
Ambulanz für Chronotherapie und Chronomedizin
Heinrich Hoffmann Str. 10
60528 Frankfurt am Main

Melatonin – eine Bewertung

Andrea Rodenbeck, Gerald Hüther, Göran Hajak

Noch bis vor kurzem haben sich nur wenige Forscher für dieses in der Zirbeldrüse (Epiphyse, Pinealorgan) produzierte Hormon interessiert, und seit etwa drei Jahren ist es plötzlich in aller Munde: das Hormon Melatonin, gepriesen als eine Quelle von Jugend und Gesundheit, als Allheilmittel gegen Altern, Krebs und Schlaflosigkeit (Bock und Boyette 1995). Immer mehr ältere Menschen fragen sich, ob ihre Zirbeldrüse noch gut genug funktioniert, oder ob es nicht besser wäre, jeden Abend eine Melatoninpille zu schlucken, um so den altersbedingten Abfall ihres Blut-Melatonin-Spiegels auszugleichen und das Altern überhaupt oder wenigstens die Entstehung altersbedingter Erkrankungen zu verhindern. Auch in Deutschland wurden zu diesem Zwecke bis vor kurzem frei verkäufliche, niedrig dosierte Präparate von verschiedenen Herstellern angeboten. Die Arzneimittelbehörden sahen sich mit dem Problem konfrontiert, daß Melatonin – weil es aus Tomaten und Bananen gewonnen wird – entweder als natürlicher Nahrungsbestandteil, als Hormon oder als Medikament betrachtet werden kann. Ärzte standen vor der Frage, ob sie ihren Patienten Melatonin verschreiben sollen und wenn ja, bei welchen Indikationen. Gegen Schlafstörungen und Schlaf-Wach-Rhythmus-Störungen z.B. nach Zeitzonenflügen oder Schichtarbeit, gegen Hirnleistungsstörungen oder Herzinsuffizienz, gegen Erkältungen oder Darmbeschwerden, oder gar als grundsätzliche Prophylaxe gegen das Altwerden oder Elektrosmog? Vielen Patienten, aber auch manchen Ärzten ist es unverständlich, warum Melatonin Heutzutage in Deutschland nur über Auslandsapotheken auf Rezept bezogen werden kann, in vielen anderen Ländern jedoch als frei verkäufliches Präparat in Drogerien oder gar in Lebensmittelgeschäften erhältlich ist.

Was sind denn nun die Daten, die all den Berichten über die Wirkungen von Melatonin zugrunde liegen?

Melatonin als Regulationshormon der Fortpflanzung

Seit seiner Entdeckung Ende der sechziger Jahre bis zum Beginn der neunziger Jahre hat sich die Melatoninforschung fast ausschließlich auf die Wirkungen von Melatonin als Hormon konzentriert. Besonders intensiv wurde sein Einfluß auf die Regulation anderer Hormone, insbesondere der Sexualhormone untersucht. Dabei stellte sich heraus, daß Melatonin eine ganz besondere Rolle bei der Regulation der reproduktiven Rhythmik spielt. So hemmt bei Tieren, die sich im Frühjahr fortpflanzen die besonders starke Produktion von Melatonin während der dunklen Winterperiode die Gonadenfunktion (Reiter 1991) und stellt so sicher, daß die Jungtiere zu einer Jahreszeit mit entsprechendem Nahrungsangebot zur Welt kommen. Auch beim Menschen hat Melatonin eine – wenngleich nur geringe – antigonadotrophe Wirkung (Martikainen et al. 1996). Diese Eigenschaft hat zu ernsthaften – wenn auch bisher vergeblichen – Ansätzen geführt. Melatonin-Präparate als Antibabypillen für den Mann zu entwickeln. Betrachtet man nun die Vermarktungsstrategie von Melatonin durch die Industrie, so bleibt ausgerechnet diese, wenn auch nur bei sehr hohen Dosierungen eintretende, Melatonin-Wirkung oft außer Betracht.

Melatonin als Chronobiotikum

In den achtziger Jahren wurden die Hormonforscher dann auf eine weitere Wirkung den Melatonins aufmerksam: Melatonin fungiert als Synchronisator von cirkadianen Rhythmen. Mit einsetzender Dunkelheit gelangen Nervenimpulse von der Retina über verschieden Schaltstellen im Gehirn (zum Beispiel den Nucleus suprachiasmaticus) zur Zirbeldrüse und regen diese zu einer vermehrten Melatoninsysthese und -ausschüttung ins Blut an. Melatonin vermittelt aufgrund seiner hormonellen Eigenschaften die Information »es ist dunkel« an den gesamten Körper. Aber Melatonin ist nicht der Vermittler der Hell-Dunkel-Information, sondern kann auch selbst an die Rezeptoren der zentralen Schaltstelle im Gehirn anbinden. Da hier der 24-Stunden Rhythmus des Menschen gesteuert wird, trägt Melatonin auf diese Weise dazu bei, daß dieser Rhythmus (der die Ausschüttung andere Hormone, den Schlaf-Wach-Rhythmus und den Temperaturrhythmus steuert) mit dem Hell-Dunkel-Rhythmus synchronisiert wird.

Diese Eigenschaft des Melatonins hat dazu geführt, daß es als Medikament erfolgreich zur Behandlung von Schlaf-Wach-Rhythmusstörungen, zum Beispiel bei Blindheit, dem Syndrom einer verzögerten Schlafphase oder beim Überqueren von Zeitzonen (»Jet Lag«) eingesetzt wurde (Lewy et al. 1996, Arendt et al. 1995, Olani et al. 1994, Dahlitz et al. 1991, zum Überblick siehe Dawson und Encel 1993). Da die Ausschüttung von Melatonin durch helles Licht (Lichttherapie) verhindert werden kann, ist aber auch eine Therapie mit sehr hellem Licht (sog. Lichttherapie) bei diesen Störungen erfolgreich (Lewy et al. 1987, Rosenthal et al. 1990).

Melatonin als Modulator der intrazellulären Signalübertragung

Die Melatoninforscher waren zunächst so fasziniert von den vielfältigen Rezeptorvermittelten hormonellen Wirkungen des Melatonins, daß sie fast 20 Jahre brauchten, um sich daran zu erinnern, daß Melatonin sehr gut fett- und wasserlöslich ist und deshalb problemlos durch Zellmembranen diffundieren und sich ohne Mühe innerhalb von Zellen, auch innerhalb des Zellkerns verteilen kann. Als sie zu suchen begannen , was Melatonin dort bewirkt, wurden sie schnell fündig: Melatonin bindet sich an Calmodulin, ein zytoplasmatisches Protein, das entscheidend an der Regulation des intrazellurären Calciumspiegels beteiligt ist (Benitez-King et al. 1993), Über die Veränderung des freien Calciumspiegel ist Melatonin nicht nur in der Lage, die Kontraktilität des Zytoskeletts zu verändern, es kann auch alle anderem calciumabhängigen Prozessen der intrazellurären Signalübertragung beeinflussen (von der Bereitstellung von c-AMP und c-GMP über Proteinphosphorylierung bis hin zur Genexpression). So wird erklärbar, weshalb Melatonin in der Lage ist, die Antwort verschiedenster Zellen auf andere Signale und Reize sowohl zu verstärken oder auch abzuschwächen (Guerrero et al. 1994).

Melatonin als Radikalfänger

Erst vor 3 Jahren ist man auf eine weitere, nicht Rezeptor-vermittelte Wirkung des Melatonins gestoßen, von der man vermutet, daß sie noch weitreichendere Konsequenzen hat: Melatonin ist eine Substanz, die äußerst reaktive und deshalb sehr gefährliche Sauerstoffmetabolite (Hydroxyl- und Peroxylradikale) besser als alle bisher bekannten Radikalenfänger neutralisieren kann (Pieri et al. 1994). Diese sogenannten Sauerstoffradikale entstehen als Nebenprodukte des Zellstoffwechsels, insbesondere dann, wenn der Stoffwechsel gestört wird, beispielsweise durch ultraviolette Strahlung, bei ansteigenden Temperaturen oder durch die Einwirkung von Zellgiften. Schon Einzeller nutzen die Fähigkeit des Melatonins, diese Radikale zu neutralisieren (Hardeland et al. 1993, 1995, Hardeland und Rodriguez 1995), und es ist wahrscheinlich diese Eigenschaft, die im Laufe der Evolution genutzt wurde, um Melatonin als chemisches Signal für Dunkelheit von primitiven Einzellern bis hin zum Menschen einzusetzen.

Als diese Radikalenfänger-Funktion des Melatonins bekannt wurde, begann eine intensive Suche danach, wann, wo immer sie nach derartigen Wirkungen suchten: Melatonin schützte die DNA von Körperzellen vor radikalen-induzierter Zerstörung durch bestimmte Gifte (Safrol) oder ionisierender Strahlung (Pieri et al. 1994, Tan et al. 1993, Vijayalaxmi et al. 1995). Melatonin-behandelte Mäuse überlebten Bestrahlungen besser als unbehandelte. Melatonin verhinderte die Ausbildung von radikalen-induzierte Katarakten der Hornhaut des Auges (Abe et al. 1994), war in der Lage, Lipidperoxidation zu verhindern (Melchiorri et al. 1995) und schütze vor Zellschäden, die durch bakterielle Endotoxine ausgelöst wurden (Sewerynek et al. 1995).

Wie so manches in der Natur, verfügen Radikale nicht nur über schlechte, zerstörerische Eigenschaften, sondern auch über positive. Sie werden von Zellen zum Beispiel als Signale oder für die Herstellung von Signalen für andere Zellen benutzt. Auch diese Radikalen-abhängigen Prozesse im Dienste der intrazellurären Kommunikation werden durch Melatonin unterdrückt. dies ist ein unerwünschter, bisher kaum beachteter Nebeneffekt des Einsatzes von Melatonin als Radikalenfänger. Ein anderes Problem ist die Dosierung. die o.g. protektiven Wirkungen wurden bisher meist erst nach Verabreichung unphysiologisch hoher Mengen von Melatonin in Zellkulturen oder in Tierversuchen beobachtet, und es ist fraglich, ob das endogen vom Körper gebildete Melatonin ausreicht, Zellen und Gewebe vor Radikalen-induzierten Schäden zu schützen.

Melatonin in Pinealis und Darm

Die Melatoninkonzentration im Blut ist in der Nacht etwa 10 mal höher als tagsüber. Hierfür ist die cirkadiane Rhythmik der Melatoninproduktion in der Zirbeldrüse verantwortlich. Mit einsetzender Dunkelheit gelangen Nervenimpulse von der Retina über verschieden Schaltstellen in Gehirn zur Zirbeldrüse (siehe oben) und regen diese zu einer vermehrten Melatoninsynthese und -ausschüttung ins Blut an. Bestimmte Medikamente (Benzodiazepine) hemmen, andere (Antidepressiva) fördern die Melatoniproduktion (Hajak et al. 1996 a, b, Huether et al. 1993). Melatonin wird in der Leber abgebaut, Leberfunktionsstörungen gehen daher oft mit extrem erhöhten Melatoninspiegeln einher. Auch durch die Ernährung ist die Melatoninbildung beeinflußbar. Reduziert man die täglichen Futterrationen von Versuchstieren auf die Hälfte der von ihnen normalerweise täglich aufgenommenen Menge, so führt das nicht nur dazu, daß diese Tiere erheblich älter werden (siehe unten), sondern es kommt auch zu einer deutlichen Erhöhung der zirkulierenden Melatoninkonzentration und zu einer Verhinderung des altersbedingten Abfalls der Melatoninproduktion (Huether 1994). Auch bei anorektischen Menschen sind die Melatoninspiegel erhöht (Tortosa et al. 1989).

Bis vor einigen Jahren hielt man die Zirbeldrüse für das einzige Melatonin-produzierende Organ unseres Körpers. Diese privilegierte Position hat die Zirbeldrüse verloren, als deutlich wurde, daß mehr als 90% des im Körper vorkommenden Melatonins im Darm lokalisiert ist (Huether 1994, Huether et al. 1992 a). Es wird hier von speziellen Zellen (enterochromaffine Zellen) produziert und zum überwiegenden Teil in das Darmlumen abgegeben. Unter bestimmten Bedingungen, zum Beispiel bei einem vermehrten Angebot seiner Vorstufe Tryptophan oder beim Fasten wird die Melatoninsynthese im Darm so gesteigert, daß ein Teil des hier produzierten Melatonins auch in die systemische Zirkulation gelangt (Huether et al. 1992 a, b). Weshalb der Darm so viel Melatonin produziert ist unklar. Möglicherweise dient es hier (aufgrund seiner Eigenschaft als Radikalenfänger) dem Schutz der sehr empfindlichen intestinalen Mucosa vor Irritationen, Infektionen und Entzündungen.

Melatonin und Schlaf

Der Zusammenhang zwischen Schlaf-Wach-Rhythmus und Melatonin ist relativ gut untersucht. Es gibt eine Reihe von Hinweisen dafür, daß Melatonin den Schlaf-Wach-Rhythmus und umgekehrt der Schlaf-Wach-Rhythmus die Melatoninproduktion beeinflußt. Diese wechselseitige Beeinflussung erfolgt aber eher indirekt.

Weder ein vorübergehender Schlafentzug noch Schlafstörungen über einen Zeitraum von bis zu 5 Jahren führen zu einer reduzierten Melatoninsekretion (Hajak et al. 1995). Schlafmittel können den Schlaf verbessern, die Melatonin-Ausschüttung aber u.U. sogar unterdrücken (Hajak et al. 1996 a).

Seit über 20 Jahren wird immer wieder auf die schlafanstoßenden Eigenschaften des Melatonins hingewiesen. Diese Daten wurden zunächst als Nebenwirkung »Schläfrigkeit« erhoben. Erst seit etwa 15 Jahren beschäftigt sich die Forschung intensiv mit den hypnotischen-sedierenden Eigenschaften des Melatonins. Dabei wurde hauptsächlich die Wirkung auf Gesunde, die ja bereits gut schlafen, überprüft: Hier zeigten sich in den schlafpolygraphisch objektivierten Daten vor allen eine verminderte Schlaflatenz, während der Einfluß auf andere Schlafparameter eher inkonsistent war (als Überblick sieh Dawson und Encel 1993, Dollins et al. 1994). Trotz dieser sehr positiven Daten, wurde die Wirkung von Melatonin bei Patienten mit Schlafstörungen nur in je einer Studie mit schlafpolygraphischen bzw. aktigraphisch objektivierten Messungen untersucht. Dabei zeigte sich ein Einschlaf-förderndner (James et al. 1990, Haimov et al. 1995), aber Tiefschlaf-vermindernder Effekt (James et al. 1990). Dieses Ergebnis erinnert an die Wirkungen von Benzodiazepinen auf den Schlaf und neuere Daten zeigen, daß Melatonin an die Benzodiazepinrezeptoren bindet (Golombek et al. 1993) und damit möglicherweise ein endogener Benzodiazepin-Ligand ist. Parallel zu diesen Wirkungen von Melatonin auf den Schlaf selbst wurde im gleichen Zeitraum auch intensiv der Effekt von Melatonin als schlafanstoßende Substanz nach Zeitzonensprüngen untersucht. Hierbei ergeben sich ebenfalls sehr positive Hinweise für die therapeutische Wirksamkeit von Melatonin (siehe oben).

Melatonin und Immunsystem

Eine Vielzahl von Einzelbefunden deutet darauf hin, daß Melatonin ein wichtiger Modulator des Immunsystems sein könnte. So ließ sich die Antikörperproduktion von Mäusen durch Melatonin stimulieren und die Cortisol-induzierte Immunosuppression unterdrücken (Meastroni et al. 1987, Pierpaoli und Maestroni 1987). Seit zwei Jahrzehnten gibt es Hinweise aus Tierversuchen und Zellkultur-Experimenten, daß Melatonin in der Lage ist, die Vermehrung bestimmter Tumorzellinien und die Metastasierung bestimmter Tumore zu unterdrücken (Blask et al. 1992). Deutliche Effekte konnten allerdings auch durch die Verabreichung Melatonin-freier Zirbeldrüsenextrakte erzielt werden. Beim Menschen erhöht die Gabe von Melatonin in Kombination mit Interleukin-2, Tamoxifen oder Interferon die Überlebensrate bei diversen Tumorerkrankungen. Diese Arbeiten stammen aber mit einer Ausnahme (Neri et al. 1994) von einer einzigen Arbeitsgruppe (zum Beispiel Lissoni et al. 19994 a, b, 19995 Barni et al. 1995), so daß abzuwarten bleibt, ob dieser positive Effekt von anderen Gruppen bestätigt werden kann.

Melatonin und Altern

Insbesondere die Bericht über den Einfluß von Melatonin auf den Alterungsprozess und auf altersbedingte Erkrankungen haben für große Aufregung in den Medien gesorgt. Vor allem der Abfall der Melatoninproduktion mit zunehmenden Alter (Haimov et al. 1993) wird immer wieder als Beweis für die entscheidende Rolle des Melatonins im Alterungsprozess genannt. Dabei darf jedoch nicht vergessen werden, daß der prozentual stärkste Abfall der Melatoninproduktion bereits während der Pubertät stattfindet (Waldhauser et al. 1984) und die altersbedingte Verminderung der Melatoninsekretion oft wesentlich geringer ist als der Tag-Nacht-Unterschied. Die Befunde, die in manchen Beiträgen hohe Erwartungen geweckt haben, sind bisher nur tierexperimenteller Art und rechtfertigen eine Anwendung beim Menschen noch nicht:

* Es wurde berichtet, daß Mäuse, denen Melatonin-angereichertes Trinkwasser verabreicht wurde, eine etwa 20% länge-

re Lebensspanne hatten, und – durch die gleichen Autoren – daß die Transplantation der Zirbeldrüse von jungen Mäusen in den Thymus von alten Mäusen, deren Gesundheitszustand verbesserte und ihre Lebensspanne verlängerte (Pierpaoli et al. 1991). Lesnikov und Pierpaoli 1994). Andere Autoren fanden jedoch, daß derartig transplantierte Zirbeldrüsen kaum noch zu einer Melatoninproduktion befähigt sind (Wu et al. 1993).

* Es wird vermutet, daß Melatonin insbesondere aufgrund seiner Radikalenfänger-Eigenschaften in der Lage ist, neurodegenerative Prozesse positiv zu beeinflussen. Bisher stützt sich diese Vermutung jedoch nur auf wenige Untersuchungen, die sich auf den Einfluß von Melatonin auf bestimmte Aspekte neurogenerativer Veränderungen an Zellkulturen oder in Tierversuchen beschränken.
* Schließlich wird darauf verwiesen, daß eine restriktive Ernährung, die mit einer deutlich vermehrten Melatoninproduktion einhergeht, anerkanntermaßen zu einer Lebensverlängerung und zu einer verminderten Inzidenz alter-assoziierter Erkrankung bei allen bisher untersuchten Versuchstieren führt.

Es bleibt festzuhalten, daß der Einfluß von Melatonin auf den »normalen« Alterungsprozess beim Menschen noch nicht untersucht ist. Andererseits ist bekannt, daß die Zellanzahl im Nucleus suprachiasmaticus, der zentralen Schrittmacherregion im Gehirn (siehe oben), bei Patienten mit seniler Demenz vom Alzheimer Typ vermindert ist (Mirmiran et al. 1992). Diese Untersuchung zeigt aber auch, daß die Zellanzahl mit zunehmenden Alter nicht drastisch verändert wird. Gleichzeitig ist aber die Melatoninkonzentration im Blut älterer Menschen vermindert. Diese Verminderung ist stärker ausgeprägt, wenn die älteren Personen hospitalisiert sind (Haimov et al. 1993) und spricht für den starken Einfluß von sozialen Kontakten und Aktivität, aber auch von genügend hellem Licht (siehe oben) auf die zentrale Schrittmacherregion und damit auf die Melatoninkonzentration.

Vorläufige Bilanz: Vielversprechende Ansätze aber noch offene Fragen in der Anwendung

Melatonin ist ein äußerst interessantes Hormon, weil es – gewissermaßen als Metahormon – in der Lage ist, die Synthese und Ausschüttung anderer Hormone und damit viele vitale Körperfunktionen zu steuern und zu koordinieren. Diese Wirkungen wurden bisher am besten untersucht. Melatonin ist aber auch ein sehr potenter Modulator der intrazellulären Signalübertragung. Die Bedeutung dieser Fähigkeit für die Regulation der intrazellulären Kommunikation im Hinblick auf Alterungsprozesse und bestimmte Erkrankungen ist jedoch angesichts des gegenwärtigen Wissensstandes nicht abschätzbar. Melatonin ist als Radikalenfänger prinzipiell in der Lage, radikal-mediierte Prozesse zu unterdrücken und auf diese Weise unter anderem auch das Ausmaß der durch Radikale verursachten Schädigungen von Zellen und Geweben zu begrenzen. Ob diese Eigenschaft klinisch nutzbar gemacht werden kann, muß in gezielten Untersuchungen noch überprüft werden.

Melatonin ist also in mehrfacher Hinsicht eine äußerst interessante körpereigene Substanz. Aufgrund seiner vielfältigen Wirkungen lassen sich durchaus vielversprechende Therapieansätze, zum Beispiel im Bereich der Schlafforschung oder der Alterforschung ableiten, die eine sorgfältige Prüfung verdienen.

Angesichts der gegenwärtigen Datenlage ist aber die Propagierung von Melatonin als unbedenkliches Schlafmittel, als Verjüngungsmittel oder als Immunostimulanz nicht gerechtfertigt. Aus einem einfachem Grund ist von der Einnahmen melatoninhaltiger Präparate sogar ernsthaft abzuraten: Die gegenwärtig über verschiedene Versandhandel erhältlichen Produkte sind hinsichtlich ihrer Reinheit nicht geprüft. Daß bereits geringste Spuren von Verunreinigungen zu erheblichen Nebenwirkungen führen könne, hat die Tryptophan-Tragödie gelehrt. Hier ist es vor einigen Jahren durch geringfügig verunreinigte Präparate der Aminosäure Tryptophan (die Vorstufe für die Melatonin-Biosynthese) zu schweren, zum Teil irreversiblen Erkrankungen gekommen (Eosinphilie-Myalgie-Syndrom). Selbst bei hochreinen Melatonin-Präparaten ist Vorsicht geboten: Melatonin ist eine äußerst instabile Substanz, die sich im Licht, an der Luft oder bei Wärme leicht in bisher kaum bekannte und hinsichtlich ihrer Wirkungen überhaupt nicht untersuchte Zerfallsprodukte zersetzt. Die Behauptung, Melatonin könne selbst in höheren Dosierung ohne Nebenwirkungen eingenommen werden, gilt nur für sauberste Präparate. Sie gilt auch nur für junge, gesunde Personen, bei denen bisher nach solchen Nebenwirkungen gesucht wurde. Ob ältere und vor allem kranke Menschen Melatonin ohne Nebenwirkungen über längere Zeit einnehmen können, ist nicht bekannt. In Europa stellt sich hinsichtlich dieser Fragen und der damit verbundenen Frage der Zulassung durch die Gesundheitsbehörden ein weitere Problem: Melatonin ist als körpereigener Stoff nicht patentierbar und damit für die Pharmakonzerne uninteressant. Dies hat zur Folge, daß keine klinischen Prüfungen mit klaren Aussagen zur Indikation und zum Nutzen-Risiko-Index von Melatonin durchgeführt werden. Einen Ausweg aus diesem Dilemma bieten vielleicht die neuen synthetischen Melatonin-Agonisten, die sich derzeit in der klinischen Erprobung befinden.

Literatur

Abe, M., Reiter, R.J., Orhii P.B., Hara M., Poeggeler, B.: Inhibitory effect of melatonin on cataract formation in newborn rats: evidence for an antioxidative role for melatonin. J. Pineal Res (1994), 17: 94–100

Arendt, J., Deacon, S., English, J., Hampton, S., Morgan, L.: Melatonin and adjustment to phase shift. J Sleep Res (1995) 4 (suppl 2): 74–79

Barni, S., Lissoni, P., Cazzaniga, M., Ardizzoia, A. Meregalli, S. Fossati, V., Fumagalli, L. Brivio, F., Tancini, G.: A randomized study of low-dose subcutaneous interleukin-2 plus melatonin versus supportive care alone in metastatic colorectal cancer patients progressing under 5-fluorourcil and folates. Oncology (1995) 52: 243–245

Benitez-King, G., Huerto-Delgadillo, L., Anton-Tay, F.: Binding of 3H-melatonin to calmodulin. Life Sci (1993) 53: 201–207

Blask, D.E., Lemus-Wilson, A.M., Wilson, S.T.: Breast cancer: a model system for studing the neuroendocrine role of pineal melatonin in oncology. Biochem Soc Trans (1992) 20: 309–311

Bock, S.J., Boyette, M.: Wunderhormon Melatonin: Die Quelle von Jugend und Gesundheit. Droemersche Verlagsanstalt, München (1995)

Dahlitz, M., Alvarez, B. Vignau, J. English, J., Arendt, J., Parkes, J.D.: Delayed sleep phase syndrome response to melatonin. Lancet (1991) 337: 1121–1124

Dawson, D. Encel, N.: Melatonin and sleep in humans. J Sleep Res (1993) 15: 1–12

Golombek, D.A., Martini, M., Cardinali, D.P.: Melatonin as an anxiolytic in rats: time dependence and interaction with the central GABAergic system. Eur J Pharmacol (1993) 237: 231–236

Guerrero, J.M., Menendez-Pelaez, A., Clavo, J.R. Osuna, C., Rubio, A., Lopez-Gonzales, M.A.: Melatonin binding sites in the harderian gland of the rat and syrian hamster. Biol Signals (199) 3: 99–106

Haimov, I., Schlitner, A., Tzischinsky, O., Sadeh, A., Zisabel, N., Lauden, M., Lavie, P.: Circadian melatonin levels in the elderly: relation to sleep disorders and light exposure. 6th Colloquium of the European Pineal Society, Copenhagen, July 23–27, Abstract book (1993)

Haimov, I., Lavie, P., Laudon, M., Herer, P., Vigder, C., Zisapel, N. Melatonin replacement therapy of elderly insomniacs. Sleep (1995) 17: 598–603

Hajak, G. Rodenbeck, A., Adler, L. Huether, G., Bandelow, B., Herrendorf, G., Staedt, J. Rüther, E.: Nocturnal melatonin secretion and sleep after doxepin administration in chronic primary insomnia. Pharmacopsychiat (1996 b) 29: 187–192

Hajak, G. Rodenbeck, A., Bandelow, B., Friedrichs, S., Huether, G., Rüther, E.: Nocturnal plasma melatonin levels after flunitrazepam administration in healthy subjects. Eur Neuropsychoparmacol (1996 a) 6: 149–153

Hajak, G. Rodenbeck, A., Staedt, J., Bandelow, B., Huether, G., Rüther, E.: Reduced nocturnal plasma melatonin levels in patients suffering from primary insomnia. J Pineal Res (1995) 19: 116–122

Hardeland, R., Balzer, I., Poeggeler, B., Fuhrberg, B., Uia, H. Behrmann, G., Wolf, R., Meyer, T.J., Reiter, R.J.: On the primary functions of melatonin in evolution: Mediation of photoperiodic signals in a unicell, photooxidation, and scavening of free radicals. J Pineal Res (1995) 18: 104–111

Hardeland, R., Reiter, R., Poeggeler, B., Tan, D.X.: The significance of the metabolism of the neurohormone melatonin : Antioxadative protection and formation of bioactive substances. Neurosci Biobehav Rev (1993) 17: 347–357

Hardeland, R., Rodriguez, C.: Versatile Melatonin: A pervasive molecule serves various function in signalling and protection. Chronobiol Intern (1995) 12: 157–165

Huether, G.: The contribution of extrapineal sites of melatonin systhesis to circulating melatonin levels in higher vertebrates. Experientia (1993) 49: 665–670

Huether, G.: Melatonin systhesis in the gastroinstestinal tract and the impact of nutritional factors on circulating melatonin. Ann NY Acad Sci (1994) 719: 146–158

Huether, G., Hajak, G., Reimer, A., Poeggeler, B., Blömer, M., Rodenbeck, A., Rüther, E.: The metabolic fate of infused L-tryptophan in men: possible clinical implications of the accumulation of circulating tryptophan and tryptophan metabolites. Psychopharmacol (1992 b) 106: 442–432

Huether, G., Poeggeler, B., Adler, L., Rüther, E.: Effects of indirectly acting 5-HT receptor agonists on circulating melatonin levels in rats. Eur. J. Pharmacol (1993) 238: 249–254

Huether, G., Poeggeler, B., Reimer, A., George, A.: Effect of tryptophan administration on circulating melatonin levels in chicks and rats: evidence dor stimulation of melatonin synthesis and release in the gastroinstestinal tract. Life Sci (1992 a) 51: 945–953

James, S.P., Sack, D.S., Rosenthal, N.E., Mendelson, W.B.: Melatonin administration in insomnia. Neuropsychopharmacol (1990) 3: 19–23

Lesnikov, V.A., Pierpaoli, W.: Pineal cross-transplantation (old-to-young and vice versa) as evidence for an endogenous »aging clock«. Ann NY Acad Sci (1994) 719: 456–460

Lewy, A.J., Ahmed, S., Sack, R.L.: Phase-shifting the human circadian clock using melatonin. Behav Brain Res (1996) 73: 131–134

Lewy, A.J., Sack, R.L., Miller, L.S., Hoban, T.M.: Antidepressant and circadian phase-shifting effects of light. Science (1987) 235: 352–354

Lissoni, P., Barni, S., Cazzaniga, M., Ardizzoia, A., Rovelli, F., Brivio, F., Tancini, G.: Efficacy of the concomitant administration of the pineal hormone melatonin in cancer immunotherapy with lowdose IL-2 in patients with advanced solid tumors who had progressed on IL-2 alone. Oncology (1994 b) 51: 344–347

Lissoni, P., Barni, S., Meregalli, S., Fossati, V., Cazzaniga, M., Eposto, D., Tancini, G.: Modulation of cancer endocrine therapy by melatonin: a phase II study of tamoxifen plus melatonin in metastatic cancer patients progressing under tamoxifen alone. Br J Cancer (1995) 71: 854–846

Lissoni, P., Meregalli, S., Fossati, V., Paolorossi, F., Barni, S., Tancini, G., Frigerio, F.: A randomized study of immunotherapy with low-dose subcutaneous interleukin-2 plus melatonin vs chemotherapy with cisplatin and etoposide as first-line therapy for advanced non-small cell lung cancer. Tumori (1994 a) 80: 464–467

MacFarlane, J.G., Cleghorn, J.M., Brown, G.M., Streiner, D.L.: The effects of exogenous melatonin on the total sleep time and daytime alertness of chronic insomniacs: a preliminary study. Biol Psychiatry (1991) 30: 75–80

Maestroni, G.J., Conti, A., Pierpaoli, W.: Role of the pineal gland in immunity: II. Melatonin enhances the antibody response via an opiatergic mechanism. Clin Exp Immunol (1987) 68: 384–391

Martikainen, H., Ruokonen, A., Thomas, C., Kauppila, A.: Seasonal changes in pituitary function: amplification of midfollicular luteinizing hormone secretion during the dark season. Fertil-Steril (1996) 65: 718–720

Melchiorri, D., Reiter, R.J., Sewerynek, E., Chen, L.D., Nistico, G.: Melatonin reduces kainate-induced lipid peroxidation in homogenates of different brain regions. FASEB-J (1995) 9: 1205–1210

Mirmiran, M., Swaab, D.F., Kok, J.H., Hofman, M.A., Witting, W., Van Gool, W.A.: Circadian rhythms and the suprachiasmatic nucleus in perinatal development, aging and Alzheimer's disease. Prog Brain Res (1992) 93: 151–162

Neri, B., Fiorelli, C., Moroni, F., Nicita, G., Paoletti, M.C., Ponchietti, R., Raugei, A., Santoni, G., Trippitelli, A., Grechi, G.: Modulation of human lymphoblastoid interferon activity by melatonin in metastatic renal cell carcinoma. A phase II study. Cancer (1994) 73: 3015–3019

Oldani, A., Ferini-Strambi, L., Zucconi, M., Stankoc, B., Fraschini, F., Smirne, S.: Melatonin and delayed sleep phase syndrome: ambulatory polygraphic evaluation. Neuroreport (1994) 6: 132–134

Pieri, C., Marra, M., Moroni, F., Recchioni, R., Marcheselli, F.: Melatonin: a peroxyl scavanger more effective than vitamin E. Life Sci (1994) 55: PI 271–276

Pierpaoli, W., Dall´Ara, A., Pedrinis, E., Regelson, W.: The pineal control of aging. The effects of melatonin and pineal grafting on the survival of older mice. Ann NY Acad Sci (1991) 621: 291–313

Pierpaoli, W., Maestroni, G.J.: A principal neuroimmunoregulatory and anti-stress hormone: ist anti-aging effects. Immunol Lett (1987) 16: 355–361

Reiter, R.J.: Pineal gland. Interface between the photoperiodic environment and the endocrine system. Trends Endocrin Metab (1991) 2: 13–19

Rosenthal, N.E., Joseph-Vanderpool, J.R., Levendosky, A.A., Johnston, S.H., Allen, R., Kelly, K.A., Souetre, E., Schultz, P.M., Starz, K.E.: Phase-shifting effects of bright morning light as a treatment for delayed sleep phase syndrome. Sleep (1990) 13: 354–361

Sewerynek, E., Melchiorri, D., Chen, L., Reiter, R.J.: Melatonin reduced both basal and bacterial lipopolysaccharide-induced lipid peroxidation in vitro. Free Radic Biol Med (1995) 19: 903–909

Tan, D., Reiter, R.J., Chen, L.D., Poeggeler, B., Manchester, L.C., Barlow-Walden, L.R.: Both physiological am pharmacological levels of melatonin reduce DANN adduct formation induced by the carcinogen safrole. Carcinogenesis (1994) 15: 215–218

Tortosa, F., Puig-Domingo, M., Peinado, M.A., Oriolo, J., Webb, S.A., de Lieve, A.: Enhanced circadian rhythm of melatonin in anorexia nervosa. Acta Endocrinol (1989) 120: 574

Vijayalaxmi, Reiter, R.J., Sewerynek, E., Poeggeler, B., Leal, B.Z., Meltz, M.L.: Marked reduction of radioation-induced micronuclei in human blood lymphocyctes pretreated with melatonin. Radiat Res (1995) 143: 102–106

Waldhauser, F., Waldhauser, M., Liebermann, H.J., Deng, M.H., Lynch, H.J., Wurtman, R.J.: Bioavailability of melatonin in humans. Neuroendocrin (1984) 39: 307–313

Wu, W., Scott, D.E., Reiter, R.J.: Transplantation of the mammalian pineal gland: studies of survival, revascularization, reinnervation, and recovery of function. Exp Neurol (1993) 122: 88–99

Kava-Kava bei gynäkologischen Patientinnen mit akuter Angst

W. Lemmer, E. Lehmann, W. Neuhaus, Y. Ghaemi

Pflanzliche Arzneimittel gewinnen in dem Maße an Bedeutung, in welchem ihre Wirkungen wissenschaftlich nachgewiesen werden und die Patienten auf die Verordnung ihrer Medikamente selbst Einfluß nehmen, sei es, daß Sie dem Arzt ihre Bevorzugung bekanntgeben oder verschreibungsfreie Pflanzenpräparate selbst kaufen.

Für Kava-Kava gilt, was zahlreiche Phytopharmaka nicht für sich in Anspruch nehmen können: die für seine Wirkung wesentlichen Inhaltsstoffe sind in ihrer Struktur und Wirkungsweise aufgeklärt. Tier- und humanpharmakologisch wurden angstlösende, psychovegetativ stabilisierende und muskelrelaxierende Wirkungen experimentell nachgewiesen (8). Im Pharmako-EEG beim Menschen bewirkt Kava-Kava eine charakteristische Erhöhung des Beta / alpha-Index, wie sie für Anxiolytika typisch ist, ereigniskorrelierte Hirnpotentiale weisen auf eine Verbesserung von Aufmerksamkeits- und Gedächtnisleistungen hin.

Die Verordnungshäufigkeit pflanzlicher Präparate hat in den vergangenen Jahren erheblich zugenommen. Im Jahre 1995 wurden 16,6 Millionen Tagesdosen im Wert von 20,6 Millionen DM zu Lasten der gesetzlichen Krankenkassen ärztlich verordnet. Die Tendenz ist steigend (9).

Die Wirksamkeit standardisierter Gesamtauszüge von Kava-Kava bei Patienten, die unter Angst, psychischer Anspannung und Unruhezuständen nicht psychotischer Genese leiden, ist insgesamt gut belegt. Auch ist die Freiheit von therapeutisch relevanten Nebenwirkungen unzweifelhaft.

In mehreren plazebokontrollierten Untersuchungen erwiesen

sich sowohl der standardisierte Gesamtauszug (4, 12, 13) als auch der synthetisierte Einzelbestandteil Cavain (5) dem pharmakologisch unwirksamen Placebo in der Angstreduktion überlegen.

Das Ausmaß der Wirkung wurde mit der Wirkung von Benzodiazepinen (14) verglichen, ohne daß sich wesentliche Unterschiede zeigen ließen.

Der Wirkungseintritt war in einer Studie schon nach einer Woche (4), in einer anderen (12) erst nach acht Wochen Behandlungsdauer als Placebeo-Verum-Differenz nachweisbar. In der Studie mit dem längsten Beobachtungszeitraum von sechs Monaten (12) bleibt die einmal erreichte Wirkungsdifferenz zwischen Placebo und Kava-Kava bis zum Studienende erhalten.

Aus den Effektivitätsstudien ergab sich der Eindruck, die Kava-Kava-Wirkung setze erst nach längerer Anwendungsdauer ein, was sich einerseits pharmakologisch schwer erklären ließe und andererseits die Anwendbarkeit auf die Behandlung chronischer Beeinträchtigungen einschränken würde. Um die Frage des Wirkungseintritts weiter aufzuklären und auszuschließen, daß die relativ spät nachweisbare Kava-Kava-Wirkung durch die Chronizität der Beschwerden bei den bislang untersuchten Patienten bedingt wurde, suchten wir nach einer klinisch bedeutsamen Anwendung bei Patienten mit situativ ausgelöster und damit nicht chronischer Angst. Unsere Überlegungen führten uns zu Patientinnen, die akut dadurch geängstigt wurden, daß es einen abnormen Brustdrüsenbefund abzuklären galt.

Aus der ärztlichen Praxis und aus wissenschaftlichen Untersuchungen ist bekannt, ja durch bloße Introspektion wird deutlich, daß Frauen ängstlich reagieren, wenn der Gynäkologe es aufgrund eines tastbaren abnormen Brustdrüsenbefundes für indiziert hält, zu histopathologisch-diagnostischen Zwecken ein Gewebsentnahme durchzuführen. Die Frauen leiden unter der Befürchtung, es können eine Krebserkrankung bei ihnen festgestellt werden. Besonders akut ist die Angst in der Zeit zwischen Gewebsentnahme und der Feststellung des histopathologischen Befundes. Es ist therapeutisch erwünscht, die Angst zu mindern.

Diesem Gesichtspunkt wird in der gynäkologischen Praxis wenig Aufmerksamkeit gewidmet, so daß es an gesichertem Wissen fehlt, ob und wie sich diese Angst möglichst risikofrei verringern läßt. Wir verbanden unser Interesse an der Wirkung von Kava-Kava auf akute oder situativ ausgelöste Angst mit dem Bedürfnis, diesen Patientinnen subjektive Erleichterung zu verschaffen.

Studienanlage und Studienziel

Zielsetzung war die Beantwortung der Frage, ob sich die für Kava-Kava Trockenextrakt an Patienten mit chronischen Angstzuständen gezeigten anxiolytischen Wirkungen auch bei Patientinnen mit reaktiven Ängsten nachweisen lassen. Erste klinische Erfahrungen wiesen in diese Richtung. Als Prämedikation vor Operationen unter Lokalanästhesie reduzierte Kava-Kava Trokkenextrakt Angst und Anspannung im Vergleich zu Placebo hochsignifikant (1).

Im Zweigruppenvergleich wurde die Kava-Kava Trockenextrakt-Wirkung als Differenz zu Placebo gemessen. Patientinnen der Universitätsfrauenklinik Köln, die nach Aufklärung ihr schriftliches Einverständnis erklärt hatten, an der durch die Ethikkommission der Universität gebilligten Untersuchung teilzunehmen, wurden per Zufall Kava-Kava Trockenextrakt- oder der Placebo-Gruppe zugeteilt. Weder der Arzt noch die Patientinnen kannten die individuelle Medikamentenbedingung. Placebo und Kava-Kava Trockenextrakt wurden in äußerlich identischen Zubereitungen von der Firma Müller, Göppingen, verblistert zur Verfügung gestellt. Die Studiendurchführung entsprach den Regeln für »Gute klinische Praxis« (11).

Als Studienmedikation wurde morgens, mittags und abends je eine Kapsel verabreicht. Die Einzeldosen Kava-Kava Trokkenextrakt enthielten 150 mg standardisierten Trockenextrakt aus dem Kava-Kava-Wurzelstock, entsprechend 47,5–52,5 mg Kava-Pyrone. Die letzte Gabe erfolgte zwei bis drei Stunden vor Beginn der Nachtruhe. Eine psychotrope Zusatzmedikation war untersagt.

Mit Messungen vor der Gewebeentnahme, nach drei und sieben Tagen wurde ein Meßwiederholungsplan mit drei Meßwiederholungen realisiert. Die Abschlußuntersuchung des siebten Tages wurde vorgezogen, wenn der histopathologische Befund vor dem siebten Tag verfügbar war.

Meßverfahren waren als Selbstbeurteilungsverfahren für die Patientinnen die Eigenschaftswörterliste in skalierter 60-Item-Form (3) zur Einschätzung der momentanen psychischen Befindlichkeit und das State Trait Angstinventar (10) sowie als Arztbeurteilungsskalen zwei visuelle Analogsskalen, eine zur Beurteilung der psychischen, die andere zur Beurteilung der somatischen Angst im Sinne der Hamilton-Angstskala (2).

Die statistische Auswertung unterschied zwischen der entscheidungsstatistischen Antwort auf die Frage nach der angstreduzierenden Wirkung von Kava-Kava Trockenextrakt bei reaktiver, aktuell auftretender Ängstlichkeit und der explorativen Analyse weiterer Variablen.

Für die entscheidungsstatistische Analyse wurde bereits in der Planungsphase eine zentrale Prüfvariable festgelegt und definiert, um welchen Betrag sich eine Patientin in dieser Zielgröße verbessern muß, um wegen klinisch relevanter Besserung als Responderin zu gelten.

Als zentrale Prüfvariable wurde der Mittelwert der vier T-normierten Angstskalen: subjektive Zustandsangst aus dem State Trail Angstinventar (STAI), subjektive momentane Angst aus der Eigenschaftswörterliste (EWL) sowie mittels visueller Analogskala (VASA 9 arztbeurteilte psychische und somatische Angst festgelegt. Die Normierung der vier Skalen als Voraussetzung für ihre Mittelung erfolgte aufgrund der in der Ausgangslage erhobenen Daten.

Als klinisch relevante therapeutische Verbesserung wurde eine Differenz zwischen dem mittleren T-Wert für die zentrale Prüfvariable in der Ausgangslage und dem Wert zum Ende der Prüfphase von 7,5 T-Wertpunkten festgelegt. Das entspricht einem Verhältnis von Differenz (d) zu Standardabweichung (s) : d / s = 0,75 einer Differenz also, die für sich beanspruchen kann, klinisch bedeutsam zu sein.

Ergebnisse

Es wurden 20 Patientinnen, die im Mittel 43,3 (s = 19) Jahre alt waren, in die Studie eingeschlossen. Davon wurden jeweils 10 der Placebo- und der Kava-Kava Trockenextrakt-Bedingung zufallszugeteilt. Die Zufallszuteilung bewirkte eine tatsächlich gute Vergleichbarkeit beider Versuchsgruppen in der Ausgangslage. Insbesondere unterschieden sich die Mittelwerte in der Kava-Kava Trockenextrakt-Gruppe (T = 49,5) und in der Placebo-Gruppe (T = 50,5) bei Untersuchungsbeginn nur minimal.

Die entscheidungsstatistische Bewertung der Differenz zwischen Kava-Kava Trockenextrakt und Placebo führte mit einer Irrtumswahrscheinlichkeit von unter 5% zu der Aussage, daß Kava-Kava Trockenextrakt in der verwendeten Dosierung im Vergleich zu Placebo situativ induzierte Angst innerhalb von einer Woche statistisch signifikant und in klinisch bedeutsamen Ausmaß reduziert. Das ergibt sich aus der Gegenüberstellung von Respondern und Non-Respondern unter Kava-Kava Trokkenextrakt einerseits und Placebo andererseits (Tabelle1).

	Kavosporal	Placebo	
Responder	7	2	9
Non-Responder	3	8	11
	10	10	20

$Chi^2 = 5{,}05$ bei $df = 1$, $p < 0{,}05$: signifikant

Tabelle 1: Häufigkeit von Respondern und Non-Respondern nach 7 Tagen

Die konfirmatorische Analyse wurde zur Vermeidung von Alpha-Inflation und damit verbundener Notwendigkeit unökonomischer Alpha-Adjustierung auf eine einzelne Prüfung beschränkt. Für die explorative Analyse blieben damit Fragen offen.

Für die explorative Analyse stellten sich somit die Fragen, ob sich Kava-Kava Trockenextrakt in der zentralen Prüfvariable schon nach drei Behandlungstagen wirksam zeigt, welchen Beitrag die in die zentrale Prüfvariable eingegangenen Einzelvariablen zur nachgewiesenen Wirkung geleistet haben und ob sich in anderen Skalen der Eigenschaftswörterliste als der Ängstlichkeits-Skala Wirkungen darstellen.

Wendet man auf die zentrale Prüfvariable bei der explorativen Analyse dieselbe Prozedur wie zuvor bei der konfirmatorischen Analyse an, so ergibt sich die 4-Feldertabelle aus Tabelle 2.

	Kavosporal	Placebo	
Responder	5	3	8
Non-Responder	5	7	12
	10	10	20

$Chi^2 = 0{,}83$ bei $df = 1$, $p > 0{,}05$; nicht signifikant

Tabelle 2: Häufigkeit von Respondern und Non-Respondern nach 3 Tagen

Die Bewertung mittels Chi^2-Test ergab nach drei Behandlungstagen angesichts der geringen Fallzahl noch keine erhebliche Überlegenheit von Kava-Kava Trockenextrakt über Placebo.

Betrachtet man in Tabelle 3 die Wirkungsdifferenzen beider Behandlungsbedingungen bezüglich der Einzelvariablen, deren Mittelung die zentrale Prüfvariable ergibt, indem man darauf rein deskriptiv zweiseitige t-Tests für unabhängige Stichproben anwendet, so zeigt sich, daß die Wirkungsdifferenz auf die Variable »momentane Ängstlichkeit« aus der Eigenschaftswörterliste am stärksten ausgeprägt ist. Hierfür errechnet sich für eine mittlere Rohwertdifferenz von 3,9 Skalenpunkten ein t-Wert von -3,10, was einem p = 0,006 entspricht.

	Kava-Kava Trockenextrakt		Plazebo			
	m	s	m	s	t-Wert	p-Wert
EWL-Ängstlichkeit	-3,1	2,5	0,8	3,2	-3,10	0,006
STAI-Zustandsangst	-2,8	5,4	-3,6	7,9	0,26	0,796
VASA-psychische Angst	-25,4	21,2	-10,2	32,8	-1,33	0,234
VASA-somatische Angst	-17,0	21,1	-0,4	29,7	-1,44	0,167

Tabelle 3: Wirkungsdifferenzen auf die Einzelvariablen (Mittelwert m, Streuung s, und t-Wert und p-Wert)

Die STAI-Zustandsangst hingegen trägt zum Nachweis der anxiolytischen Wirksamkeit von Kava-Kava Trockenextrakt nichts bei. Der t-Wert trägt im Gegenteil sogar ein positives Vorzeichen.

Die explorative Analyse der weiteren 14 Skalen der Eigenschaftswörterliste, die Auskunft über die momentane psychische Befindlichkeit der Patientinnen gaben, zeigten für fünf Skalen tendenzweise Differenzen an. Es beschrieben sich die Patientinnen unter Kava-Kava Trockenextrakt angedeutet aktiver ($p = 0,05$), weniger müde ($p = 0,09$), nichts so introvertiert ($p = 0,06$), weniger erregt ($p = 0,07$) und weniger deprimiert ($p = 0,08$).

Geringfügige Nebenwirkungen, die als freier Nebenwirkungsbericht erfaßt wurden, wurden unter Placebo von 3 Patientinnen, unter Kava-Kava Trockenextrakt von einer Patientin angegeben, eine Differenz, die Fisher's Exact-Test als nicht signifikant ausweist. Die globale Verträglichkeit beider Präparatsbedingungen wurde von allen Patientinnen mit »sehr gut« oder »gut« bewertet, ohne daß sich Kavosporal und Placebo unterschieden.

Diskussion

Die Studie war bezüglich der Zahl der Patientinnen erheblich umfangreicher konzipiert. Im Zusammenhang mit einer sich ändernden klinischen Routine gab es aber schließlich keine Patientinnen mehr, auf die der Studienansatz paßte, so daß die Studie beendet wurde. Es spricht für die klinische Relevanz der festgestellten Wirkung, wenn zu ihrem Nachweis, wie geschehen, eine relativ geringe Zahl von Patientinnen ausgereicht hat. Begünstigt wurde der Wirkungsnachweis aber sicher auch durch die gegen Zufallsschwankungen stabilisierte apriori zentrale Prüfvariable.

Daß es vornehmlich die mit der Eigenschaftswörterliste erfaßte momentane subjektive Ängstlichkeit war, die als Bestandteil der Prüfvariable zwischen Verum und Placebo zu unterscheiden gestattete, mag insofern Zufall sein. Es spricht aber einiges für die Überlegung, daß gerade diese Variable dem methodischen Ansatz entsprach, gemäß welchem situativ induzierte momentane Angst reduziert werden sollte. In dieser Variable findet sich als Unterstützung für diese Überlegung schon nach drei Tagen ein vergleichbarer Rückgang der Ängstlichkeit wie nach sieben Tagen. Das würde zu den Feststellungen von Bhate und Mitarbeitern (1) passen, wonach Kava-Kava die akute präoperative Angst zu mindern in der Lage ist. Es würde auch zu den Tier- und humanpharmakologischen Daten passen, die keine Erklärung dafür liefern, daß Kava-Kava erst nach einer oder mehreren Wochen Behandlungsdauer wirkt. Die Zahl der an der Studie beteiligten Patientinnen war wahrscheinlich zu gering, um mit der festgelegten Prüfvariable schon nach drei Tagen Wirkungen nachzuweisen.

Das Muster der Effekte von Kava-Kava Trockenextrakt, die sich in explorativer Analyse andeuten, ist in guter Übereinstimmung mit früheren Studien, indem sich neben der Angstreduktion, um deren Nachweis es in dieser Studie ging, angedeutet eine Aktivitätssteigerung und Müdigkeitsabnahme bei gleichzeitiger Abnahme von Erregtheit und Deprimiertheit zeigte. Es wurden bei Angstpatienten zwar Schlafverbesserungen unter dem Einfluß von Kava-Kava beobachtet, aber in keiner Studie fand sich eine eigentliche Sedierung. Die spezielle Untersuchung des Schlafverhaltens bei schlafgestörten Patienten ergab nach abendlichen Tagesdosen von Cavain im Gegensatz zu den Schlafverbesserungen der Angstpatienten, die über den Tag verteilt Cavain erhalten hatten, sogar eine Abnahme der Schlafqualität (6). Entsprechend war die Schlafverbesserung bei Angstpatienten als Sekundäreffekt der reduzierten Ängstlichkeit zu werten.

Völlige Übereinstimmung mit allen vorliegenden kontrollierten Studien zur Wirksamkeit von standardisierten Kava-Kava-Präparaten besteht.

Das Ausmaß der mit unserer Studie nachgewiesenen Kava-Wirkungen erscheint dem anderer Anxiolytika zu entsprechen. Angesichts der gefundenen deutlichen Überlegenheit von Kava-Kava Trockenextrakt über Placebo, dürfte es schwerfallen, im direkten Vergleich gruppenstatistische Differenzen zu anderen Anxiolytika nachzuweisen. Der indirekte Vergleich, das heißt der Vergleich über verschiedene Studien hinweg, unterstützt diese Annahme, die augenscheinlich auch für die chronische Anwendung bei Angstpatienten gilt.

Interessant wäre es im Sinne individueller Wirkungsvorhersage zu wissen, welche Patientenmerkmale darüber entscheiden, ob und in welchem Ausmaß ein Patient anspricht. Leider mußte aufgrund des geringen Stichprobenumfanges darauf verzichtet werden, differentielle Indikatoren für ein Ansprechen oder Nichtansprechen auf Kava-Kava Trockenextrakt zu suchen. Vielleicht können prospektiv durchgeführte Anwendungsbeobachtungsstudien an großen Stichproben für die Abschätzung solcher differentiellen Effekte nützlich sein.

Literatur

(1) Bhate H., Gerster G. Behandlung mit Phytotranquilizern vor der Narkose, therapeuticon 1992;6: 214–222.

(2) Hamilton M. Hamilton Anxiety Scale. In: CIPS (Hrsg.) Internationale Skalen für Psychiatrie

(3) Janke W., Debus G. Eigenschaftswörterliste EWL 60 S. In: CIPS (Hrsg.), Internationale Skalen für Psychiatrie 4. Aufl. Göttingen, Beltz-Test 1996; 43–47.
(4) Kinzler E., Krömer J., Lehmann E. Wirksamkeit eines Kava-Spezial-Extraktes bei Patienten mit Angst-, Spannungs- und Erregungszuständen nicht psychotischer Genese, Arznein.-Forsch. / Drug Res. 1991; 6; 584–588.
(5) Lehmann E., Klieser E., Klimke A., Krach H., Spatz R. The Efficacy of Cavain in Patients Suffering from Anxiety. Pharmacopsychiat. 1989; 22: 258–262.
(6) Klimke A., Lehmann E., Walther KU. Wirkung von D, L-Kavain auf den Schlaf. Münch. Med. Wschr. 1993; 136: 761–762.
(7) Lehmann E., Phytotherapie der Angst und Streßsyndrome mit Kavalactonen. Hufeland-Journal 1993; 8: 14–18.
(8) Schulz V., Hänsel R., Rationale Phytotherapie. 1. Aufl. Wien, New York: Springer 1996
(9) Schwabe, Paffrath, Arzneimittelverordnungs-Report '96. G. Fischer 1996; 399–402.
(10) Spielberger C.D., Gorsuch R.L., Lushene R.E. State-Trait-Anxiety Inventory STAI. In: CIPS (Hg) Internationale Skalen für Psychiatrie. 4. Aufl. Göttingen: Beltz-Test 1996; 27–30.
(11) Spitzer S., Kiesewetter H., Bach R., Gutensohn J., Jung F., Schieffer H., Kleinsorge, H., Gute klinische Praxis. Dtsch. Med. Wschr. 1993; 118: 838–843.
(12) Volz H.P., Kieser M., Kava-Kava Extrakt WS 1490 versus Placebo, in: Anxiety Disorders – A Randomized Placebo-controlled 25-week Outpatient. Trial. Pharmacopsychiat. 1997; 30: 1–5.
(13) Warnecke G. Psychosomatische Dysfunktionen im weiblichen Klimakterium. Klinische Wirksamkeit und Verträglichkeit von Kava-Extrakt WS 1490. Fortschr. der Medizin 1991; 109: 119–122.
(14) Wölk H. Die Behandlung von Angst-Patienten. Kava-Spezialextrakt WS 1490 bei Angst-Patienten im Vergleich zu den Benzodiazepinen Oxazepam und Bromazepam – eine Doppelblindstudie in ärztlichen Praxen. Ztschr. Allgemeinmed. 1993; 69: 271–277.

Kontaktadressen:

Dr. med. W. Lemmer
Oberarzt an der Klinik für Psychiatrie
und Psychotherapie, Universitätsklinik, im
Evangelischen Krankenhaus Gelsenkirchen
Munckelstr. 27, 45879 Gelsenkirchen

Prof. Dr. Dipl. Psych. E. Lehmann
Leiter der Forschungstelle für klinische Psychologie
an der Rheinischen Landes- und Hochschulklinik Düsseldorf,
Heinrich-Heine-Universität Düsseldorf
Bergische Landstraße 2, 40629 Düsseldorf

Johanniskraut – vom Mythos zum Logos

Ernst U. Vorbach, Karl-Heinz Arnoldt

Seit dem frühesten Beginn der Medizin in unserem Kulturkreis finden sich immer wieder Hinweise auf besondere Wirkungsweisen des Johanniskrautes (Hypericum perforatum). So soll die Wunderpflanze zum Beispiel auch gegen Blitzschlag, Lanzenstiche und bösen Zauber (»fuga daemonum«) wirksam sein. Nach mehr als 2000 Jahren Wirksamkeitsgeschichte steht nun fest, daß Hypericum perforatum-Extrakte als aktuelle Antidepressiva heute zumindest bei mittelschweren, ja sogar bei schweren Depressionen angewandt werden können. Die Suche nach der für die antidepressiven Effekte verantwortlichen Substanz gestaltet sich jedoch noch schwieriger. Vielleicht sind unsere Modelle für Antidepressivawirkungen jedoch auch noch zu einfach?

Etymologisch sind im Hypericum zwei griechische Begriffe verborgen, nämlich hyper (über) und eikon (Bild). Somit wäre Hypericum als Kraut oder als Kranz geflochten über Götterdarstellungen oder Statuen zu erwarten gewesen, vielleicht um die Götter gnädig zu stimmen oder um bösen Zauber abzuwenden. Einen anderen etymologischen Zugang eröffnet das Verb »upereidofal« (ich sehe in die Ferne, ich zeige mich) vielleicht in Bezug auf die transparenten Punkte auf den Blättern der Spezies Hypericum perforatum. Hier ergäbe sich auch eine Nähe zur transzendenten mythischen Wirkung der Pflanze. Letztlich gibt es noch eine Erklärung des Begriffs über Hyp (unter) eriken oder ereiken (Heidekraut); eine Pflanze, die unter anderen Heidekräutern wächst. (Bombardelli / Morazzoni 1995)

Johanniskraut in der Medizingeschichte

Die erstmalige Benutzung des Begriffes Hyperikon wird dem griechischen Arzt Euryphon, der mit Hippokrates in Rivalität stand, um 288 vor Christi zugeschrieben. Im 2. Jahrhundert vor Christi empfiehlt der griechische Arzt Nikandros aus Kolophon in seinem Buch *Theriaka* die Cheironswurzel gegen tierische Gifte aller Art. Nach Ansicht von Meyer (Meyer 1854) ist mit dieser Cheironswurzel wahrscheinlich das olympische Johanniskraut, Hypericum olympicum, gemeint. In einem Kräuterbuch des Celsus, der 47 nach Christus starb, findet sich der Name Hypericon. Andromachos, der Leibarzt Kaiser Neros, verordnete diesem Hypericum als Bestandteil einer Droge. Der griechische, in römischen Diensten arbeitende Arzt Pedanios Dioskorides (Dioskorides 1614) unterschied im ersten Jahrhundert nach Christi bereits vier Johanniskrautarten. In der deutschen Übersetzung von Danzius und Uffenbach von 1610 handelt es sich dabei um das St. Johanniskraut, das Hartheu, Cunrad und Coris.

Alexander Tschirch (1856–1939), dem Begründer der experimentellen Pharmakognosie, gelang in Berlin die Entsprechung dieser mittelalterlichen Spezies in das Schema der heute gültigen Eingliederungen. (Tschirch 1910) Die vier Pflanzen entsprechen den heutigen Arten, 1. Hypericum barbatum, 2. Hypericum perforatum, 3. Hypericum ciliatum und 4. Hypericum coris.

Nach dem Mittelalter bis heute hat sich die Zahl der bekanntgewordenen Johanniskrautarten ständig vermehrt. Zum Ende des 16. Jahrhunderts unterschied man acht Arten. Linné zählte 1753 in den »Species Plantarum« insgesamt 22 Hypericumarten (Linné 1753), in der Sprengelschen Ausgabe von 1826 wurden 110 Johanniskrautarten beschrieben, und bei Engler & Prantel finden sich 1895 schon 191 Arten. Bis 1950 wurden 605 Johanniskrautarten aufgezeichnet. (Roth 1990)

Der erste konkrete Hinweis auf eine medizinische Indikationsstellung bei Hypericumpflanzen findet sich bei Plinius dem Älteren (23–79 n. C.) in seiner *Historia Naturalis*: Verbrennungen werden durch den Wegerich geheilt ... ferner durch das bloße Kraut

Hypereikon, das wir Corissum genannt haben ...« Während sich lange Zeit diese Hypericumnutzung bei Brandwunden findet, schätzt Hildegard von Bingen (1098–1179) Hyperikum perforatum nicht als Heilmittel ein. (Hildegard von Bingen 1991) Es »taugt für das Vieh; für die Medizin taugt es nicht viel, weil es ein verwildertes und vernachlässigtes Kräutlein ist«. Dem trägt der altdeutsche Name »Hartheu« Rechnung, weil es in der Tat oft als sehr hart, spröde und als wenig beliebtes Viehfutter imponiert. Der Systematiker Carl von Linné beschrieb 1753 Hypericum perforatum als »durchlöchertes oder perforiertes Johanniskraut«. Diese Festlegung basiert auf der Beobachtung vieler Mediziner und Botaniker, daß gegen die Sonne gehaltene Blätter von Hypericum perforatum wegen ihrer durchschimmernden kleinen Sekretblätter wie durchstochen aussehen. Aus volkskundlichen Erzählungen ist bekannt, daß der Teufel einmal – verärgert über die Heilkraft dieses Krautes und möglicherweise auch wegen der Macht über ihn selbst – voller Wut die Blätter dieser Pflanze durchstochen habe. Diese an Ölen reichen Sekretbehälter in den Blättern von Hypericum perforatum finden sich jedoch auch bei anderen Hypericumarten.

Vereinzelte Funde lassen an eine reichhaltige Verteilung von Johanniskrautzubereitungen bei den Römern schließen. Durch einen Zufall ist ein Vorrat an Heilkräutern erhalten geblieben, den sich ein römischer Militärarzt angelegt hatte. Während des Bataveraufstandes von 69 / 70 nach Christi wurde das Legionslager Novaesium-Neuss zerstört. Auf der Krankenstation des Lagers im Bereich des sogenannten Valetudinariums wurden größere Mengen an Kräutern im verkohlten Zustand geborgen. Die Analyse ergab, daß es sich hier um Tausendgüldenkraut, Thymian, Bilsenkraut, Bockshornklee, Eisenkraut und Johanniskraut handelte. (Krug 1993)

Johanniskraut als Apotropaikum

Seit Menschengedenken sind Abwehrzauber bekannt, die Unheil fernhalten sollen. Solcherlei Abwehrmittel werden nach den

Griechen als Apotropäum bezeichnet. Als Apotropäa gegen Dämonen und Hexen gelten im Volksglauben das Amulett, der Talisman, der Druidenfuß oder eben gewisse Pflanzen wie Hypericum perforatum. Der in Tübingen lehrende Professor der Medizin Leonhard Fuchs (1501–1566) schrieb in seinem *New Kreüterbuch* von 1543, daß Hypericum perforatum eine »Fuga Daemonum sei und alle Gespenster« vertreiben solle. (Harrer / Hübner / Podzuweit 1993) Leonhard Fuchs hatte sich ursprünglich mit der bedenkenlosen Propagierung der Selbstmedikation kritisch auseinandergesetzt und zunächst jenes berühmte Kräuterbüchlein ursprünglich auf Latein geschrieben, dann aber auch ins Deutsche übertragen, damit es dem »gemeinen Mann« zu der »Erkenntnis der Kräuter möchte nützlich und füglich sein«.

Ein französischer Arzt des 13. Jahrhunderts beschrieb Hyperikon vermutlich erstmals als »herba daemonis fuga«. Folglich finden sich für Hypericum perforatum Begriffe im Volksmund wie Jageteufel, Teufelsfuchtel, Walpurgiskraut, Hexenkraut und anderes mehr. In dem Kräuterbuch des Hironymos Bock von 1546 (Bock 1572) liest man, daß das »Harthaw ... dem Teufel fiel Leid tue«. Johanniskrautkränze wurden in einem volkskundlichen Brauchtum am Niederrhein auf die Hausdächer geworfen, um Segen für Haus und Stall sowie für die menschlichen und tierischen Bewohner zu erbitten. Johanniskraut zur Mittagszeit in voller Sonne am Johannistag gesammelt, kann Wunder tun und, Hexen eingegeben, die Wahrheit ans Tageslicht bringen. Die Johanniskrautblüten, die den roten Farbstoff enthalten, sind nach der heutigen Erkenntnis für die pharmazeutische Anwendung wichtiger Bestandteil. Es gibt aber auch Blätter, die diesen roten Farbanteil nicht besitzen. Daher eignet sich das Kraut auch als Liebesorakel: preßten verliebte Mädchen doch die Blütenknospen aus und dachten an ihre Liebhaber. Der Saft konnte rötlich oder farblos sein. Aufklärung des Zaubers brachte der gesprochene Spruch: »Ist mir ein Schatz gut, kommt rotes Blut. Ist er mir gram, kommt nur Scham (Schaum)!« (Czygan 1993) Auch Paracelsus war ein Verehrer des Johanniskrautes. In seinem um 1525 entstandenen Buch *Von den natürlichen Dingen* schrieb er dem Hypericum vier Kräfte zu, nämlich für die »Phantasmata,

Würm, Wunden und balsamische Tugend«. Er empfahl, dieses Kraut immer bei sich zu tragen, tagsüber im Hemd, nachts unter dem Kissen, und es helfe gegen die Geister und die »dollen Phantasien«, die den Menschen in »Verzweiflung bringen«. Eine Pflanze, die solchermaßen Wunder tut, bleibt natürlich auch für die Christenheit nicht ohne Interesse.

Johanniskraut und Christentum

Der Johannistag, der 24. Juni eines jeden Jahres, ist einer der längsten Tage des Jahres. Diesen Tag hat die Christenheit Johannes dem Täufer gewidmet. Jesus von Nazareth aus Galiläa wurde von Johannes dem Täufer im Jordanwasser getauft. Im Markusevangelium (Markus I, 9-11) lesen wir: »... und alsbald da er aus dem Wasser stieg, sah er, daß sich der Himmel auftat und der Geist gleich wie eine Taube herabkam auf ihn. Und da geschah eine Stimme vom Himmel: ‚Du bist mein lieber Sohn, an Dir habe ich wohl gefallen'« Johanniskraut galt als ein Symbol für Licht, Erkenntnis, Geist. Der Mönch Vitus Auslasser nannte in seinem Werk *Herbarius* von 1479 den strahlenden Kranz der Blüten des Johanniskrautes »Corona Ragia«. Die sonnengelben Blütenblätter werden den Sonnenstrahlen analogisiert und symbolisierten Leben und Wärme. Der englische Name St. John's Wort ist seit dem 6. Jahrhundert von Irland her bekannt. St. Columban (550-615) – einer der großen irisch-schottischen Missionare – sei ein starker Verehrer Johannes des Täufers gewesen. St. Columban habe immer einen Sproß dieses Johanniskrautes bei sich getragen. Dessen roter Saft symbolisiere das Blut des Märtyrers Johannes, der für seinen Glauben auf Wunsch Salomes geköpft wurde.

Interessanterweise wurde aber ab dem 16. Jahrhundert diese vielgepriesene Species Hypericum perforatum immer mehr zur »fuga daemonum« und zur Negativ-Heilpflanze. Dies hatte zur Folge, daß die Darstellung von Hypericum perforatum in der Kunst, auf vielen Altar- und Tafelbildern immer weiter zurückging. Czygan (Czygan 1993) hat hierfür die Erklärung, daß Pflanzen, die für Negativbereiche im menschlichen Leben benutzt werden, von den Künstlern nicht oder nur selten dargestellt werden. Ein ähnliches Schicksal erlitt die als Abortivum genutzte Pflanze Ruta graveolens, die Gartenraute. Hypericum perforatum wurde in alten Zeiten nicht so selten als Abtreibungsmittel verwandt. Andere Hypericumarten mit ähnlichen Inhaltsstoffen seien auch in Nordamerika von den Indianern eingesetzt worden. Eine eigenartige, traurige Berühmtheit erlitt Hypericum perforatum in seiner Reserviertheit für den klerikalen Bereich im Zeitalter des Exorzismus.

Johanniskraut und Exorzismus

Unter dem Exorzismus versteht die katholische Kirche das Austreiben der Dämonen aus dem menschlichen Körper der Besessenen. Medizinmänner und Priester fungieren aufgrund besonderer Begabung als Exorzisten. Im Matthäusevangelium (Matthäus 18,1) wird ersichtlich, daß Jesus seine 12 Jünger zu sich rief und ihnen Gewalt gab über die unreinen Geister, um sie auszutreiben und jede Krankheit zu heilen und jedes Gebrechen. Die katholische Kirche führt bis heute den Exorzismus durch, aber nur mit der Erlaubnis des bischöflichen Ordinariats und nur bei erwiesener Besessenheit des Objektes. Dabei gibt es noch immer einzelne Rituale, die zum Tode geführt haben sollen. (Czygan 1993) Im Exorzismus selbst wendet sich die Kirche auch direkt an den bösen Geist selbst und gebietet diesem davon abzulassen, die Geschöpfe Gottes zu mißbrauchen und dem Menschen an seiner Seele zu schaden. Kürzlich wurde eine alte Vorschriftensammlung zur Durchführung des Exorzismus aus dem Jahre 1626 gefunden. Bei der Vorschriftensammlung handelt es sich um den »Thesaurus Exorzismorum Ex Variis Autoribus Collectus« aus dem Kloster Altstadt in Hammelburg in Altbayern. Verschiedene Rezepte zeigen hier die Zusammensetzung der Getränke, die den Teufel oder die bösen Geister austreiben konnten, sofern sie den Patienten verabreicht worden waren. In mehreren Rezepturen finden sich hierbei Hypericum-Zubereitungen, zum Beispiel als Johanniskrautöl – oder zum Austreiben der Dämonen Johanniskrautdämpfe zum Räuchern. Somit schließt sich der Bogen zwischen der »herba daemonis fuga« und dem Hexenkraut oder dem Walpurgiskraut des Volksmundes, also zwischen der vom Klerus verordneten Medizin und der Volksmedizin.

Mit der aufkommenden Neuzeit wird dann etwa im Kräuterbuch des Kniphof (aus der ersten Hälfte des 17. Jahrhunderts) Johanniskraut gegen Schwindel und gegen die fürchterlichen »melancholischen Gedanken« eingesetzt. (Czygan 1993)

Zur heutigen Bedeutung des Johanniskrauts

Die heutigen Stellungnahmen zu den Indikationen für Johanniskraut spiegeln die grundsätzliche Position der Pflanzenheilkunde wider. Die Phytotherapie ist im Grunde in zwei Lager gespalten. In dem einen Lager finden sich Vertreter populärmedizinischer Kräuterbücher, wie zum Beispiel Maria Treben (Treben 1994) oder Dr. G. Hertzka, die sich im wesentlichen auf ihre historischen Vorbilder berufen und sich als Bewahrer einer Volksmedizin und Kräuterkunde sehen. Als Vorläufer dieser Richtung werden genannt Hildegard von Bingen, Albertus Magnus, Paracelsus, Pfarrer Kneipp und andere mehr. (Jütte 1996) Auf der anderen Seite des Lagers stehen mehr naturwissenschaftlich orientierte Ärzte, die mit standardisierten wissenschaftlichen Studien versuchen, den Fundus der Naturheilverfahren der Allgemeinmedizin zugänglich zu machen. Die Vertreter dieser Richtung der Phytotherapie sind in einem Spektrum zu sehen, welches mit dem Chemiker und Botaniker Alexander Tschirch (Tschirch 1910) gegen Ende des vorigen Jahrhunderts beginnt und jetzt als rationale Phytotherapie mit V. Schulz und R. Hänsel (Schulz / Hänsel 1996) seinen Niederschlag gefunden hat. Dem letzteren Lager ist es wichtig, den Anschluß an die wissenschaftliche Forschung nicht zu verlieren, um die Phytotherapeutika im Zuge der gängigen wissenschaftlichen Paradigmata zu evaluieren. Insbesondere einzelne Phytotherapeutikahersteller, wie zum Beispiel Lichtwer Pharma (Berlin) und Schwabe (Karlsruhe) sind hier zu erwähnen, da sie diesbezüglich einen großen Forschungsaufwand betreiben. Sind die Indikationsgebiete für Johanniskraut in der wissenschaftlich etablierten Phytotherapie ausgesprochen eng, so finden sich in der populärmedizinischen Kräutermedizin umfangreiche Zielvorgaben zum Einsatz des Johanniskrautes. In dem Kräuterbüchlein der Maria Treben (Treben 1994) gibt es eine Vielzahl von Johanniskrautanwendungen: Johanniskrauttee wird angewandt bei Nervenverletzungen und nervösen Beschwerden aller Art, bei Stoßverletzungen und auch bei Folgen des Überhebens. Es ist jedoch auch ein ausgezeichnetes Mittel gegen Durchfall. Weiterhin wird Johanniskraut in Teeform angewandt bei Trigeminusneuralgie. Eine Tinktur aus Johanniskraut ist indiziert bei Nervenleiden, Nervenentzündungen, Neurosen, Schlaflosigkeit und Nervenschwäche. Weitere Indikationen sind Sprachstörungen, unruhiger Schlaf, hysterische Anfälle, Nachtwandel, Bettnässen und Depressionen. Als Anwendungsarten werden grundsätzlich Teebereitungen, Johanniskrautölanwendungen, Johanniskrauttinktur und Johanniskrautsitzbäder genannt.

Johanniskraut als Psychophytopharmakon

Unter den Aspekten einer rationalen wissenschaftlich kontrollierten Phytotherapie besteht heute bei Johanniskraut lediglich ein Indikationsbereich: als Antidepressivum.

Für die Antidepressivagewinnung wird die Art Hypericum perforatum L. benötigt. Es handelt sich hierbei um eine etwa 60 cm hohe krautige Pflanze, die fünfzählige sonnengelbe Blütenblätter besitzt mit auffallend zahlreichen und langen Staubblättern und gegenständich durchscheinend drüsigpunktierten Blättern. Das offizielle Johanniskraut wird in Europa und Asien, aber auch in Süd- und Nordamerika als Wildpflanze gefunden. Drogen- und Extraktgewinnung sind von Hersteller zu Hersteller recht unterschiedlich. Die Mengenverhältnisse von Droge zu Extrakt liegen bei den gebräuchlichen Präparaten bei ca. 4–7 : 1. Bei den Leitsubstanzen handelt es sich um *Hypericin*, Pseudohypericin, Protohypericin, Protopseudohypericin und Zyklopseudohypericin. Neben den artspezifischen Inhaltsstoffen finden sich wie allgemein im Pflanzenreich vertreten Flavonoide und Flavonolderivate, zum Beispiel Rutin und Hyperosit, sowie Xantonderivate, Hyperfoin, Amentoflavon und ähnliches mehr.

Bei den Johanniskrautextrakten, zum Beispiel beim Hpyericin, wurde untersucht, inwieweit hiermit Mechanismen angestoßen werden, wie sie bei der Mehrzahl der heute bekannten Antidepressiva vorherrschen (Reuptake Hemmung, MAO Hemmung etc.). Einzelne Untersucher postulierten bei Hypericin einen Wirkungsmechanismus einer Monaminoxidasehemmung. Andere Autoren stellten einen relativ starken Hemmeffekt des Hpyericumextraktes LI 150 auf die synaptosomale Aufnahme von Noradrenalin und Serotonin in einer Präparation aus Mäusehirnen fest. Hypericumextrakte sind als »atypische Antidepressiva« einzuordnen. Auch eine »Down-Regulierung« von Serotoninrezeptoren wird diskutiert. Fotosensibilisierungen spielen bei den therapeutisch empfohlenen Mengen von Johanniskraut klinisch keine Rolle.

In den achtziger und insbesondere in den neunziger Jahren ist eine Reihe von plazebokontrollierten Studien im Hinblick auf die antidepressive Wirksamkeit von Johanniskrautpräparaten durchgeführt worden. Hierbei zeigte sich sowohl in den Einzeluntersuchungen als auch in Metaanalysen, daß klar erkennbare antidepressive Effekte beim Johanniskraut vorhanden waren, die über die Plazeboerwartungen deutlich hinausgingen. (Volz 1996) Konsequenterweise wurden dann in den folgenden Jahren multizentrische, randomisierte Doppelblinduntersuchungen durchgeführt, und es wurden antidepressive Referenzsubstanzen wie Maprotilin (Harrer / Hübner / Podzuweit 1993), Imipramin (Vorbach / Hübner / Arnoldt 1993) und Amitriptylin (Wheatley 1996) gegen Johanniskrautextrakte (LI 160) getestet. Dabei zeigte sich zusammenfassend eine gleichgute antidepressive Wirksamkeit bei deutlich reduzierten Nebenwirkungen durch das Phyto-Pharmakon.

Waren bisher nur leichte bis mittelschwere Depressionen im Indikationsbereich von Johanniskrautpräparaten zu verantworten, so zeigte die Untersuchung von Vorbach (Vorbach / Arnoldt / Christl 1996), daß der Johanniskrautextrakt LI 160 auch bei schweren Depressionen mit gleichgutem Erfolg wie bei einem trizyklischen Antidepressivum angewandt werden kann, wobei erwartungsgemäß die Nebenwirkungsrate des Johanniskrautpräparates deutlich niedriger ist als die des Vergleichspräparates. Entsprechende Kontrollstudien zur Stützung dieses besonderen Indikationsbereiches »schwere Depressionen« stehen jedoch zum gegenwärtigen Zeitpunkt noch aus.

Depressionen sind die häufigsten psychiatrischen Erkrankungen. Epidemiologische Studien zeigen, daß depressive Symptome bei 13 bis 20 Prozent der Bevölkerung vorliegen. Die Lebenszeitprävalenz behandlungsbedürftiger depressiver Erkrankungen beläuft sich auf 10 bis 20 Prozent, da depressive Erkrankungen eine hohe Rezedivrate haben und zunächst reaktive Verstimmungen in Depressionen übergehen können. Aus diesen epidemiologischen Daten, die vielleicht schon vor Jahrhunderten oder Jahrtausenden Geltung hatten, mag ersichtlich sein, daß die Geschichte der Depression eng mit der Geschichte des Johanniskrautes verknüpft ist. Sind doch nach unserem heutigen Wissen die Mutlosen und Verzweifelten, die Melancholischen und die vom Teufel Besessenen und zum Exorzismus Freigegebenen nichts anderes als unsere heutigen Patienten mit den ICD 10 und DSM 4 Diagnosen der Depressionen, die jetzt nach über 2000jähriger Kulturgeschichte des Johanniskrautes endlich Präparaten vertrauen dürfen, die über jeden Zweifel erhaben sind im Hinblick auf ihre antidepressive Wirkung, und die nach ihrer »Entmystifizierung« als zuverlässige und insbesondere nebenwirkungsarme Antidepressiva zur Verfügung stehen.

Abdruck mit freundlicher Genehmigung aus: Psy. Pflege 1997; 3: 232–36, Georg Thieme Verlag, Stuttgart / New York

Literatur

Bock, H. (1572): Kräuterbuch, Straßburg

Bombardelli, E. / Morazzoni, P. (1995): »Hypericum perforatum«, in: Fitoterapia 1

Czygan, F.-C. (1993): »Kulturgeschichte und Mystik des Johanniskrautes«, in: Zeitschrift für Phytotherapie, Heft 5

Dioskorides, P. (1614): Kräuterbuch. Übersetzt von Uffenbach, Frankfurt

Fuchs, L. (1543): Kräuterbuch, Basel

Harrer, G. / Hübner, W. D. / Podzuweit, H. (1993): »Wirksamkeit und Verträglichkeit des Hypericum-Präparates LI 160 im Vergleich mit Maprotilin«, in: Nervenheilkunde, Heft 12, S. 297-301

Hildegard von Bingen (1991): Heilkraft der Natur, Augsburg: Physica

Jütte, R. (1996): Geschichte der alternativen Medizin. Von der Volksmedizin zur unkonventionellen Therapie von heute, München: C. H. Beck

Krug, A. (1993): Heilkunst und Heilkult. Medizin in der Antike, München: C. H. Beck

Linné, C. von (1753): Species plantarum, Holmiae

Meyer, E. H. F. (1854): Geschichte der Botanik, Königsberg

Roth, L. (1990): Hypericum, Hypericin. Botanik, Inhaltsstoffe, Wirkung, Landsberg / Lech: Ecomed

Schulz, V. / Hänsel, R. (1996): Rationale Phytotherapie. Ratgeber für die ärztliche Praxis, Berlin: Springer Verlag

Tschirch, A. (1910): Handbuch der Pharmakognosie, Leipzig

Treben, M. (1994): Gesundheit aus der Apotheke Gottes, Steyr: Verlag Wilhelm Ennsthaler

Volz, H.-P. (1996): Controlled clinical trials of Hypercum extracts in depressed patients – an overview. 2nd International Congress on Phytomedecine, Munich, Germany (abstracts)

Vorbach, E. U. / Hübner, W. D. / Arnoldt, K. H. (1993): »Wirksamkeit und Verträglichkeit des Hypericum Extractes LI 160 im Vergleich mit Imipramine«, in: Nervenheilkunde, Heft 12, S. 290-296

Vorbach, E. U. / Arnoldt, K. H. / Christl, D. (1996): Effectiveness and tolerance of the hypericum extract LI 160 in comparison with imipramine. Randomized double-blind study with 209 patients with diagnosis of recurrent severe major depressive disorders. 2nd International Congress on Phytomedecine, Munich, Germany (abstracts)

Wheatley, D. (1996): Amitriptyline-controlled trial of hypericum in mild-moderate depression. 2nd International Congress on Phytomedecine, Munich, Germany (abstracts)

Die innere Stimme und die Kunst

Christopher Tarnow

Zu einem einstündigen Workshop in Gestalt-Kunsttherapie

I. Der Hintergrund des Bildes: Hier und Jetzt im Kontakt

Zwei Punkte scheinen darüber zu entscheiden, ob ein Mensch sein Leben lebt oder ob er daneben steht: ob er sich des Hier und Jetzt bewußt ist, des Augenblicks mit all seinen Facetten und latenten (Wahl-)Möglichkeiten, und ob er eine Fähigkeit entwikkelt hat, mit sich, seinen Bedürfnissen und seiner (Um-)Welt im Reichtum des Augenblicks in Kontakt zu treten. Das Prinzip **Hier und Jetzt** und das Prinzip **Kontakt** sind nach meiner Erfahrung auch die kennzeichnenden Parameter der Gestalt-Therapie nach Fritz Perls (1873–1970): der *Augenblick* und der *Kontakt* zwischen Klient und Therapeut – beide stehen im Mittelpunkt des therapeutischen Prozesses und beide bilden das »Material« der Therapie als eines gemeinsamen Erlebnisses.[1]

---

1 »Bewußtheit, Kontakt und Gegenwart sind nur verschiedene Aspekte ein und desselben Prozesses – der Selbstverwirklichung« (Perls). Zwei der zahlreichen Einflüsse, die zur Entwicklung der Gestalt-Therapie beigetragen haben, sind neben der Psychoanalyse und der Begegnung mit Wilhelm Reich der Zen-Buddhismus mit seinem Anliegen, den »Augenblick als Übung« zu betrachten, und der Existentialismus mit seiner Entdeckung der Selbstverantwortung und Möglichkeit zu Wahl und Entscheidung.

»Was ist jetzt gerade?« ist eine häufige Frage des Gestalttherapeuten an seinen Klienten oder die Gruppe, im Gegensatz zum klassisch-analytisch orientierten Therapeuten, der – überspitzt formuliert – wohl eher fragt »Was war denn damals?«. Hier und Jetzt bilden die Basis und den Stand-Punkt unserer Existenz. Aber oft sind ja unseren Klienten gerade diese beiden nicht zugänglich – zu massiv sind ihre Abwehrmechanismen, zu sehr sind sie mit Vergangenem oder Zukünftigem beschäftigt oder leben in ihren eigenen, ver-rückten »Parallelwelten«. So werden gerade im Augenblick der Begegnung unter Menschen deren Kontaktschwierigkeiten und Abwehrhaltungen offenkundig.

Die Gestalt-Therapie sprich dabei von Kontaktunterbrechung und sensibilisiert ihre Therapeuten in deren Aufspürung: Ist der Klient *jetzt* gerade im Kontakt mit mir?, ist er in dem, was er tut, formuliert, ausdrückt im Kontakt mit seinem ursprünglichen Bedürfnis oder folgt er Sekundärbedürfnissen? *Neurose* ist vor diesem Hintergrund die Selbstunterbrechung des Klienten durch Sekundärbedürfnisse, also die Unterbrechung des Kontaktes zum eigentlichen, primären Impuls und dabei eben gleichzeitig zum Therapeuten oder einem anderen Gegenüber.[2] (Wobei

---

Eine gute, knappe Einführung in Geschichte, Entwicklung und Theorie findet sich in: Wolf. E. Büntig, Die Gestalttherapie Fritz Perls', In. Psychologie des 20. Jahrhunderts, Bd. III, Stuttgart 1976; Weitere Einführungen: E. Polster, Gestalttherapie, Frankfurt 1995; Fritz Perls, Gestalt-Therapie in Aktion, Stuttgart 1993;
Eine Selbsterfahrungs-Einführung mit zahlreichen Übungen zu Bewußtsein, Kontakt und Gegenwart: Perls, Hefferline, Goodman, Gestalttherapie – Wiederbelebung des Selbst, Stuttgart 1992.

2 Kontaktunterbrechung im Sinne der Gestalttherapie sind: *Konfluenz* (das identifikatorische, symbiotische »Verschmelzen« mit dem Gegenüber, das Negieren von Unterschieden); *Projektion* (eigenen Impulse oder Qualitäten werden dem anderen zugeschoben und nur noch in ihm wahrgenommen); *Retroflektion* (Rückzug auf sich selbst, Objektorientierung, alles mit sich selbst ausmachen); *Deflektion* (Umweltkontakte nur zur Selbstbereicherung, Nähe wird durch Indirektheit abgewimmelt); *Introrektion* (unkritisches oder erzwungenes »Verschlucken« von Meinungen und Haltungen, al-

freilich der Rückzug aus einem Kontakt nicht grundsätzlich eine neurotische, sondern auch eine angemessenen natürliche Reaktion sein kann.)

Das Mittel der Wahl im therapeutischen Prozess ist daher in der Gestalt-Therapie wiederum *Kontakt:* der Versuch, den Klienten in Kontakt mit seinem Konflikt zu bringen, ihm seine Selbstunterbrechung erfahrbar werden zu lassen. Und das nicht kognitiv-analytisch, sondern als spürbares Erlebnis. Denn unabhängig davon, weshalb der Klient es »lernen« mußte, sich selber zu unterbrechen: er ist es heute, der dies tut und er wird angeleitet, für hier und jetzt Verantwortung zu übernehmen.

Für solche Kontakt-Herstellung des Klienten mit seinen eigenen Unterbrechungen und Abspaltungen haben Gestalt-Therapeuten eine Vielzahl von Techniken, Übungen und Spielen entwickelt.[3] Allen gemeinsam ist das Paradoxon der liebevollen **Frustration**: Sie frustrieren die Ausweichmanöver und Kontaktvermeidungen des Klienten mit seinem Konflikt und dienen damit dem Gewahrwerden, Gleichzeitig üben sie *Kontakt* und die Identifikation mit dem abgespaltenen »Schatten«. Die Gratwanderung dazwischen hat als Voraussetzung immer das parallele **Mobilisieren vorhandener Ressourcen** des Klienten, seine liebevolle Unterstützung, ohne deren Hilfe er der Konfliktbegegnung ja wieder ausweichen würde.

Auf diesem Weg schafft die Gestalt-Therapie neue, für den Klienten eindrücklich spürbare Erfahrungen, in denen er sich selbst als Handelnder erleben kann, der Frage oder Konflikte angeht, dafür Mut, Kraft, Phantasie und Kreativität mobilisiert und mit der Erweiterung seiner vorher engen Grenzen aus dem Erlebnis heraustritt.

Es ist wohl in allen medizinischen und (psycho-)therapeutischen Lagern ein Gemeinplatz, daß die Erkenntnis der **Selbst-Verantwortung** des Klienten der Freisetzung seiner sogenannten

---

les und jeden so nehmen wie es oder er kommt).

3 Siehe hierzu unter anderem: Regeln und Spiele der Gestalttherapie, in: Gestalt – Wachstum – Integration, hrsg. von H. Petzold, Paderborn 1980.

Selbst-Heilungskräfte gleichkommt: die gestaute Lebenskraft beginnt in dem Maße wieder zu fließen, wie der Klient Willen und vor allem Möglichkeiten zur Mitwirkung entdecken kann. Allerdings erwächst die Selbst-Verantwortung erst aus dem Gewahrwerden des eigenen – womöglich problematischen – »Hier und Jetzt«, und das Gewahrwerden erwächst erst aus der Frustration eingefahrener Verhaltensmuster. Denn »erst wenn der Mensch aufhört, das zu sein, was er nicht ist, kann er er selbst werden« (Perls).

Solche Arbeiten schließen natürlich das Zurückschauen auf die Vergangenheit, auf auslösende, prägende Situationen, Erlebnisse und Personen nicht aus, im Gegenteil. Diese »unerledigten Geschäfte« (Perls) werden jedoch nur dann thematisiert und durchgearbeitet, wenn der Klient selber im Augenblick des Gewahrwerdens seines Konfliktes diese Rückbezüglichkeit nutzen kann, um bestimmte, abgespaltene Gefühle wieder zu integrieren. Gerade indem beispielsweise einer zurückliegenden Verletzung hier und jetzt erstmalig Schmerz, Wut und Trauer zu-agiert werden können – Gefühle und Verhalten, die vielleicht niemals vorher ihren *zugehörigen* Ausdruck haben finden dürfen und die deshalb im »Repertoire« des Klienten heute fehlen. Gestalt-Therapie ist in diesem Sinne eine integrative Therapie.

II. Der Mittelgrund des Bildes: Gestalt-Therapie und kreative Medien

In diesem Zusammenhang sei auf ein häufiges Mißverständnis hingewiesen: *Gestalt*-Therapie meint zunächst *nicht* eine Arbeit mit gestalterischen, sprich künstlerischen Mitteln im Sinne der Gestaltungs-Therapie. Unter dem etwas unglücklich gewählten Begriff wird vielmehr das aktuelle, momentane *Thema* eines Menschen verstanden: alles was in ihm, wie auf einem Bild, als Hauptfigur = **Gestalt** *jetzt* in den Vordergrund tritt. Dabei handelt es sich meist um Bedürfnisse.

Unter *geschlossener* Gestalt versteht man ein »rund« gewordenes, abgeschlossenes Erlebnis, das alle Aspekte eines natürlichen

Zyklus' gezeigt hat: *Reiz* und *Erregung* (zum Beispiel ich bin hungrig), den *Impuls* zum Handeln (ich will Nahrung finden), dessen *Umsetzung* als *Energiemobilisierung* (Restaurantbesuch) mit gesunder *Aggression* (ich zerkaue mein Essen, um es assimilieren zu können), die *Differenzierung* (ich esse, was mir schmeckt, lasse liegen, was mir zuwider ist) und das *Ausklingen-lassen*, den *Rückzug* aus dem Kontakt (ich verdaue, führe mir erst wieder Nahrung zu, wenn natürlicher Hunger entsteht).[4]

Dieses Grundmuster ist allen geschlossenen *Gestalten* menschlicher Bedürfnisse und Impulse zu eigen. Die Gestalt-Therapie »heilt« oder ergänzt im therapeutischen Prozess die fehlenden Elemente, die »Löcher in der Persönlichkeit« (Perls), die in der Kontakt-Situation erfahrbar werden – sie »schließt« die Gestalten.

Wie oben bereits gesagt, strebt sie dabei im Wesentlichen die Identifikation des Klienten mit seiner Kontaktunterbrechung, seiner Abwehr und mit seinen Ressourcen an. Diese **Identifikationsarbeit** kann gerade mit kreativen Medien sehr fruchtbar sei. Besonders künstlerische Medien, wie sie aus der Kunst- und Musik-Therapie bekannt sind, aus Theater, Tanz, Körperarbeit und Literatur, können den therapeutischen Prozess intensiv sinnlich spürbar werden lasse – eine Erlebnisqualität, die ja Klienten oft in ihrer Selbst- und Fremdwahrnehmung abhandengekommen ist.

Freilich: Gestalt-Therapie ist auch ohne kreative Medien, in reiner Gesprächssituation eine Therapie unabgeschlossener *Gestalten* – daher ihr Name. In den letzten Jahren wird deshalb zunehmend differenziert: *Gestalt*-Therapie, *Gestalt*-Musiktherapie, *Gestalt*-Kunsttherapie, *Gestalt*-Tanztherapie usw.

---

4 Fritz Perls, Das Ich, der Hunger und die Aggression, Stuttgart 1979.

III. Die Gestalt im Vordergrund des Bildes: Gestalt-Kunsttherapie

Eine der effizientesten und gleichzeitig sanftesten Vorgehensweisen scheint mir persönlich dabei das Arbeiten mit Farben und plastischem Material wie etwa Ton oder Gips zu sein: Innere Bilder, Gefühle, unsere so flüchtigen seelischen Regungen und Wahrnehmungen werden durch das materialhafte Gestalten plötzlich dingfest und »anfaßbar«; sie werden als »selbst-gemacht« identifizierbar und können so – auch wenn es sich dabei um Bilder unserer »Schatten« handelt – leichter als kognitive Erkenntnisse als das Eigene angenommen werden.

Zudem befriedigt materialbezogene Therapie bereits im Schaffensprozess motorische und sinnliche Bedürfnisse und schafft schnell das Bewußtsein, eigene kreative Möglichkeiten in sich zu tragen. Das wiederum ist die Voraussetzung für die Freisetzung der oben angesprochenen Selbstheilungskräfte im Sinne von Selbst-Verantwortung. Und: Sie formuliert immer – für Klienten und Therapeuten oft gleichermaßen beglückend – sowohl den Konflikt, als auch die (ungenutzten) Ressourcen und damit mögliche Wege zur Lösung.

Dabei wird allerdings in der Gestalt-Kunsttherapie, wie überhaupt in der Gestalt-Therapie, ausdrücklich auf Analysen von seiten des Therapeuten verzichtet –, der Klient wird unterstützt, seine eigene Selbst-Erkenntnis – und Entwicklungsarbeit als Erfahrungslernen zu leisten. Zum Beispiel, indem er aufgefordert wird, unterschiedliche Identifikationsmöglichkeiten mit seinem (Selbst-) Bild zur erproben. Damit lernt er unter anderem »Schattenseiten« von sich kennen und tritt vielleicht erstmalig in Kontakt mit seinen Abspaltungen. Deren Integration wäre dann das Therapie-»Ziel«.

Zur Illustration der oben formulierten trockenen Theorie versuche ich im folgenden einigen Sequenzen aus einem einstündigen Workshop zu rekonstruieren, an denen die Besonderheit gestaltherapeutischen Vorgehens im Sinne von Gestalt-Kunsttherapie eventuell deutlicher wird. Freilich ging es seinerzeit nicht um therapeutische Arbeit mit Klienten, sondern darum, einem interessierten Fachpublikum einen therapeutischen Ansatz vorzustellen.

Das Folgende ist aus der Erinnerung rekonstruiert, da keine Bandaufzeichnungen gemacht worden sind. So ist sicher vieles stark verkürzt und bewußt typisiert wiedergegeben.

IV. Die Gestalt im Vordergrund des Bildes bewegt sich

T = Therapeut (Tarnow)
A = Workshopteilnehmerin, ca. 38 Jahre
B = Workshopteilnehmerin, Anfang 30

T hat die Teilnehmer mit einigen Gedanken der Gestalttherapie vertraut gemacht, indem er sich selber mit seiner eigenen momentanen Befindlichkeit vorgestellt hat – aufgeregt und gespannt. Er hat damit die Bewußtheit für das »Hier und Jetzt« angeregt und mit wenigen Sätzen dafür sensibilisiert, wie wesentlich das »Was ist gerade?« für das Erleben *und* Gestalten des Eigenen ist: ohne Erregung keine Wachheit, ohne Wachheit kein Kontakt; Kontakt als erregendes und spannendes Erlebnis.

Die Workshopteilnehmer sind mit einer einfachen körperlichen Entspannungsübung und bei geschlossenen Augen in eine sogenannte »Phantasiereise« geführt worden: »...und während Sie so auf ihren Atem achten, spüren Sie, daß sich vor Ihnen eine Landschaft auftut. – Sie gehen in diese Landschaft hinein. – Irgendwo steht ein Baum. – Sie gehen auf den Baum zu und schauen einmal, ob Sie zu dem Baum Kontakt finden können. (Nach einigen Minuten:) Allmählich ist es Zeit, sich von dem Baum zu verabschieden. – Langsam kommen Sie wieder hierher zurück.«

Die Teilnehmer, die im Kreis auf Stühlen sitzen, werden aufgefordert, sich umzudrehen – hinter ihnen stehen Tische – und mit den dort liegenden Wachsmalkreiden ihren Baum oder ihren wesentlichen Eindruck auf Zeichenpapier festzuhalten – »Es geht überhaupt nicht darum, Kunst zu machen. Aber Sie wollen etwas von dem festhalten, was Sie soeben erlebt haben.«

Nach der ca. 15-minütigen Arbeitsphase, in der still und konzentriert gemalt wird, werden die Teilnehmer eingeladen, ihre Blätter vorzustellen.

A: Ich will gerne mein Bild analysieren lassen. (Sie nimmt neben T Platz, ihr Blatt wird hinter und zwischen beiden an der Wand befestigt)

T: Sie wollen, daß jemand völlig Fremdes Ihnen sagt, wer Sie sind?

A: Nein (lacht), aber darum geht es doch jetzt? Daß wir schauen, was das Bild mit mir zu tun hat?

T: Es geht darum, was Sie jetzt hier wollen...

A: Ja – ich will mal erzählen, was ich vorhin so gesehen habe. (...) Und dann war mir die junge Birke irgendwie zu dünn und ich hab nach 'nem anderen Baum gesucht. (...) An der Eiche hab ich mich dann auch richtig festgehalten und sie umarmt. Die hat mir gefallen.

(Ihr Bild zeigt links die rötlich gehaltene Birke, rechts die Eiche als dünne Umrißzeichnung und davor eine blaß-blaue Figur mit ausgebreiteten Armen, die kaum zu erkennen ist.)

T: Ja, ich kann beide gut sehen. Und die Eiche hat Ihnen aber besser gefallen?

A: Ja, die war so groß und kräftig und die Rinde so schön anzufassen.

T: Können Sie wohl mal für einen Moment die Eiche sein? Denken Sie sich mal in den Baum hinein (A schließt die Augen). – Sie sind jetzt die Eiche und können sich beschreiben. »Ich bin eine Eiche und stehe ...«.

A: Ich bin eine Eiche und stehe auf einer Wiese. Ich habe ganz große ausladene Äste, was für eine große Krone! (In ihrer weiteren Beschreibung wird spürbar, daß sie als Baum zwar »oben« kraftvoll gestaltet ist, nach unten zu den Wurzeln hin jedoch dünner wird)... und irgendwie wackelig bin. (Sie öffnet die Augen).

T: Wie fühlt sich das an »Oben bin ich ganz kraftvoll und unten bin ich irgendwie wackelig«?

A: (Betroffen und bewegt) Das erinnert mich jetzt an die Situation auf der Arbeit! Ich muß da jetzt auch so stark sein und mich durchsetzen (es folgt die Beschreibung ihres Konfliktes: eine Entscheidung treffen zu wollen, möglichst souverän und selbstbewußt und gleichzeitig die eigene Unentschlossenheit zu spüren. Irgendwann verwendet sie für die Beschreibung ihrer Unsicherheit das Wort »blaß«.)

T: Wie würden Sie die Figur hier vor der Eiche beschreiben?

A: Ja, das soll ich eigentlich sein. Die ist auch ganz blaß. Die ist wie durchsichtig.

T: »Ich bin wie durchsichtig und stehe vor der Eiche«.

A: Ich glaub mir das selber auch gar nicht – ich will was entscheiden und mich damit durchsetzen, aber ich weiß gar nicht wie. (Schweigen)

T: Was mögen Sie an der Birke?

A: Gar nichts! Die hatte mir ja nicht gefallen, deshalb habe ich ja nach einem anderen Baum geguckt...

T: Ich würde gerne wissen, was Sie an der Birke nicht mögen. Wenn Sie sich vorstellen, daß hier, wo der leere Stuhl neben uns steht, die Birke ist: was werfen Sie ihr alles vor?

A: Ich mag die nicht, die ist mir zu klein ...

T: Vielleicht schließen Sie die Augen, bis Sie die Birke sehen. Sagen Sie's der Birke: »Ich mag dich nicht, du bist mir zu klein ...«.

A: Ich mag dich nicht, du bist zu klein; du hast so schwache Zweige. Du bist irgendwie unscheinbar und gar kein richtiger Baum, wie ich mir einen vorstellen würde. (Öffnet die Augen ernst. Schweigt.)

T: Wie klingt das für Sie?

A: Na ja, nicht sehr freundlich. Die hat wenig Chancen bei mir.

T: Ja, Sie lassen ihr wenig Chancen: »du bist mir zu schwach und ich lasse dir keine Chance!« (A. still und betroffen, schweigt.) Was könnte die Birke wohl darauf antworten? Setzen Sie sich mal auf den Stuhl der Birke. (A setzt sich auf den anderen Stuhl). Sie sind jetzt die Birke. Wenn Sie mögen, schließen Sie die Augen und antworten als Birke. »Du bist einfach zu klein ...«.

A: Ja, ich bin klein, aber ich habe hier einen ganz hübschen Platz. Ich sehe das Gras und das Moos. Ich habe ganz viele Knospen.

T: »Du bist mir zu schwach. Du bist so unscheinbar«.

A: Das stimmt nicht, ich habe soo viele Zweige (zeigt mit den Armen), voller Knospen und ich bewege mich gerade im Wind. Das ist schön ...

T: Du hast ganz viele Zweige mit Knospen und der Wind bewegt dich schön. Was machst du, wenn ein ganz starker Wind kommt?

A: (lächelt) Ich biege mich einfach weg, das macht mir gar nichts! (Lacht und öffnet die Augen).

(Durch Fragen von T begleitet, entwickelt A eine neue Sicht auf ihre Berufssituation. Nach mehreren Stuhlwechseln, mit denen die widerstreitenden eigenen Haltungen, Forderungen und Empfindungen dialogisch erkundet werden, entdeckt A, daß sie sich auf dem Stuhl der Birke am wohlsten fühlt. Die kleine Sequenz endet mit ihrer Feststellung:) Vielleicht zwinge ich mich ja nur zu Entscheidungen. Vielleicht muß ich ja nicht jedes Mal 'was entscheiden. Ich kann ja auch mal anderen Meinungen einfach ausweichen, mich wegbiegen, (lacht), ohne daß ich dann immer gleich Konsequenzen ziehen muß!

T: Mag noch jemand sein Bild vorstellen?

B: Ja, ich! Aber wenn jemand anderer es will, ich muß nicht! Mag vielleicht jemand anderer? – Eigentlich würde ich aber lieber noch was zur Theorie der Gestalttherapie hören.

T: Ich würde lieber noch was von ihrem Bild sehen. (Lachen der Teilnehmer)

B: Ja gut! (Sie hängt ihr Blatt hinter T auf und nimmt neben ihm Platz) Also wenn Sie wollen, können Sie mir das ja mal interpretieren.

T: Das kann ich nicht.

B: Warum nicht?

T: Weil das nicht mein Bild ist.

B: (Schweigen). Also dann will ich jetzt lieber was zur Theorie hören.

T: (Schweigen). Die Gestalttheorie sagt zum Beispiel, daß unser Kopf manchmal was anderes will, als unser Fühlen. (Schweigen). Wie fühlen Sie sich gerade?

B: Furchtbar! Ich bin, ich ... all die Leute (zeigt in die Runde).

T: Sie schämen sich, weil uns alle hier ansehen?

B: Ja, das ist mir jetzt ganz peinlich.

T: Was können Sie tun, damit Sie sich jetzt wohler fühlen?

B: Ich könnte mich wieder hinsetzen (Zeigt auf ihren alten Platz unter den Teilnehmern).

T: Ja, das könnten Sie machen. Wollen Sie das jetzt tun?

B: Nein, dann würde ich mich nachher ärgern. (Schweigt, senkt den Kopf).

T: Was können Sie noch tun, damit Sie sich wohler fühlen?

B: Also ich erzähl jetzt, was ich gesehen habe. (Beginnt hastig und ausdruckslos von der Phantasiereise und ihrem Bild zu sprechen.)

T: Können Sie ihr Bild sehen?

B: Nein. (Es hängt hinter B und T an der Wand, die dazu mit dem Rücken sitzen). Aber wenn ich mich dahin drehe, können die anderen hier mich nicht mehr sehen.

T: Sollen die anderen sich wohl fühlen oder wollen Sie sich wohl fühlen?

B: (Erleichtert) *Ich* will das! (Dreht sich mit ihrem Stuhl zum Bild, entspannt sich zusehends. Beginnt nach einige Schauen auf ihr Bild ausdrucksvoll zu erzählen: Ihr feuerrot lodernder Baum ist ein Ahorn im Herbstlaub, den sie im vergangenen Urlaub in den USA gesehen hatte:) Und ich bin jeden Tag mit der Kamera hin, um ihn zu fotografieren. Aber dann dachte ich immer, morgen ist er vielleicht noch röter und ich fotografiere ihn lieber morgen.

T: Und haben Sie ihn fotografiert?

B: Nein, ich hab's irgendwie verpaßt. (Traurig:) Am Urlaubsende hatte er nur noch wenige Blätter und ich hab's irgendwie verpaßt.

T: Das erinnert mich ein bißchen an vorhin: Als Sie eigentlich ihr Bild vorstellen wollten und dann eigentlich jemand anderen den Vortritt lassen wollten und dann eigentlich doch wollten und dann lieber doch was anderes, Theorie, wollten.

B: (Unter Tränen:) Ja, so geht mir das so oft: daß ich gar nicht genau weiß, was ich will und immer alles gleich wieder anders will, weil ich denke, das ist es gar nicht, was ich wollte.

T: Ja. – Aber heute haben Sie ihren Baum genau gesehen und festgehalten.

B: Ja (Erleichtert. Schaut sich ihr Bild wieder lange an).

T: Ob Sie wohl Ihr Baum sein können? Mögen Sie sich mal hineinfühlen und sich beschreiben?

B: (Augen geschlossen, beschreibt lange die Umgebung und was sie als Baum alles sehe kann. Nochmals aufgefordert, sich selbst als Ahorn zu beschreiben:) Ich stehe auf dem Hügel. Und ich bin knallrot. Und leuchte. Ich bin von ganz weit zu sehen und leuchte und ich bin strahlend schön! (Öffnet die Augen, hat ein gelöstes und präsentes, waches Gesicht).

T: Wie fühlt sich das an?

B: (Bedächtig und strahlend:) Das fühlt sich ganz, ganz schön an!

T: Ja, das kann ich sehen. Sie sehen jetzt ganz schön aus. Ob Sie uns allen das hier noch einmal sagen können: »Ich bin von weitem zu sehen und ich bin strahlend schön«?

B: (Unsicher:) Ich bin von weitem zu sehen und …

T: »… und bin strahlend schön«. Schauen Sie sich um, vielleicht finden Sie ein Gesicht hier dem Sie es sagen mögen.

B: (sieht sich in der Runde um – viele lächelnde, herzliche Gesichter. Daraufhin:) Ich bin gut zu sehen und ich bin auch schön! (Sie lacht, vereinzelter Applaus.)

T: (Tut wie schwerhörig:) Ich hab nicht gut verstanden.

B: (laut und schwungvoll, strahlend:) Ich bin gut zu sehen und ich bin auch schön! (Großer Applaus. Nach einer Weile, als es stiller wird:) Ich hab bestimmt einen ganz roten Kopf!

T: Ja, Sie sind leuchtend rot und strahlend schön! (Allgemeines Lachen). Und das paßt auch gut zu so einem spannenden Moment, nicht?

B: Ja, das stimmt. Man darf auch mal einen roten Kopf kriegen, nicht?

Musiktherapie mit archaischen Klangkörpern

Peter S. Hess

Eine neue Behandlungsmethode von sogenannten »frühen Störungen«

Im Grunde ist der Einsatz von Musik in der Behandlung von Krankheiten uralt: es lassen sich in Höhlenmalereien Bildnisse finden, die sich als ein (psycho-)therapeutisches Behandlungssetting mit Musikinstrumenten interpretieren lassen, die 30000 Jahre alt sind! Es zeigen sich Szenen von Einzel- und Gruppentherapie mit Trommeln, Rasseln, urtümlichen Blasinstrumenten u.ä. (näheres hierzu bei Moreno)

Zu Recht halten archaische Instrumente unterschiedlicher Kulturen Einzug in die moderne Musiktherapie und ergänzen, bzw. ersetzen das klassische Instrumentarium aus Klavier und Orffschen Instrumenten. Spezielle Trommeln, Rasseln, Didgeridoos, Gongs und Klangkessel wurden schon immer in Heilungszeremonien oder Orakeln eingesetzt und vermögen auch uns moderne Menschen auf tieferen Ebenen anzusprechen als die Instrumente unserer abendländischen Kunstmusik.

Ich möchte in diesem ersten Teil eine neue, empirisch entwikkelte, rezeptive Musiktherapie vorstellen, wie ich sie als leitender Arzt in einer psychiatrischen Tagesklinik seit 1986 anwende und dabei überwiegend archaische Instrumente benutze, aber auch neu entwickelte, wie zum Beispiel Monochord (in der Form des KoTaMo (Koto, Tampura, Monochord) und großer Körpermonochorde, wie zum Beispiel ein Klangstuhl, Ocean Drums und ein spezieller großer Gong.

Unsere Erfahrungen und Konzepte in der *aktiven* Musiktherapie mit archaischen Instrumenten bei der Behandlung schizophrener Patienten soll zu einem späteren Zeitpunkt folgen.

Persönliche Erfahrungen:

Auf der Suche nach einer besseren Behandlungsmöglichkeit für Medikamentenabhängige in der Psychiatrie stieß ich auf die erstaunlich tief entspannende Wirkung der Tampura, selbst bei Menschen, die sich mit anderen Methoden, wie zum Beispiel autogenes Training, nicht entspannen konnten.

Während meiner Musikausbildung in klassisch indischer Musik (Tabla) in Kalkutta, hatte ich die besondere Wirkung der Tanpura und die differenzierten rhythmischen Strukturen der Tabla in der dortigen Kunstmusik kennengelernt, aber noch nicht an deren Einsatz in der Therapie gedacht, zumal sie auch in Indien hierfür nicht verwendet wurden. Erst die beruhigende, »hypnotisierende« Wirkung auf kleine Kinder legten auch einen Einsatz in der Musiktherapie mit Erwachsenen nahe. Später erweiterte ich das Instrumentarium um einen großen, symphonischen Universalgong, und da wurde schnell deutlich, daß diese Klänge in der Lage waren, Erinnerungen an sehr weit zurückliegende Ereignisse zu wecken, manchmal zurückzuverfolgen bis zu intrauterinen Gegebenheiten bzw. »Erfahrungen«. Traumatische Erfahrungen, die anders nicht zugänglich waren, besonders wenn sie auf irgendeine Weise akustisch im Gehirn gespeichert waren, tauchten mit allen damit verbundenen Emotionen wieder auf und waren somit zugänglich und bearbeitbar.

Erst im Austausch mit anderen Musiktherapeuten, durch Selbsterfahrung in veränderten Bewußtseinszuständen (VWB), durch Erkenntnisse der Perinatal-Psychologie, Bewußtseinsforschung, und Ethnopsychotherapie gelangte ich zu einem besseren Verständnis und Fundierung meiner empirisch gewonnenen therapeutischen Ergebnisse. Alte Glaubenssätze in der Psychiatrie gelangten ins Wanken, nämlich daß die psychotischen Episoden nicht verstehbar seien und daß Tiefenentspannung und mächtige Klänge die Psychose wieder aktivierten. Ich konnte in einer Art und Weise aufdeckend mit unselektierten psychotischen Menschen arbeiten, wie ich es nicht für möglich gehalten hatte. Es eröffneten sich Möglichkeiten einer kausalen Therapie bei einer Patientengruppe, die zuvor nur durch tiefgreifende biologische Behandlungsmethoden mit den bekannten schweren Nebenwirkungen zu bessern waren.

Ich möchte betonen, daß mein Behandlungsansatz auch keine Wunder vollbringen kann, aber doch die Selbstverantwortung und Selbstbestimmung der Patienten entscheidend fördern und entwickeln kann. Verständnis für den eigenen Krankheitsprozess und freiere Wahl bei der eigenen Lebensgestaltung sind meine grundlegenden Behandlungsziele.

Theoretische Grundlagen

Die Basis meines therapeutischen Verständnisses bilden die sogenannten veränderten Wachbewußtseinszustände (VWB), die ich im Folgenden näher erläutern möchte. Unser menschliches Bewußtsein läßt sich nicht vollständig objektiv definieren, eben weil wir jenes Bewußtsein zur Definition benötigen. Es läßt sich jedoch das Alltagsbewußtsein von Zuständen abgrenzen, die eine andere Dimension eröffnen.

Ludwig hat 1966 die wesentlichen Charakteristika von VWB's zusammengestellt:

* Veränderung des Denkens
* Veränderung des Zeitempfindens
* Einschränkung bzw. Verlust der Kontrolle
* Veränderung der Emotionalität
* Veränderung des Körperschemas
* Wahrnehmungsveränderungen
* Veränderung des Bedeutungserlebens

* Gefühl des Unaussprechlichen
* Gefühl von Erneuerung und Wiedergeburt
* Hypersuggestibilität

In einer groß angelegten empirischen Studie konnte Dittrich nachweisen, daß sämtliche veränderte Wachbewußtseinszustände drei Kernerfahrungen aufweisen:

1. Ozeanische Selbstentgrenzung (OSE)
2. Angstvolle Ich-Auflösung (AIA)
3. Visionäre Umstrukturierung (VUS)

Diese drei Grunderfahrungen können in unterschiedlicher Intensität und Ausprägung entweder isoliert oder auch hintereinander auftreten mit verschiedener Gewichtung, abhängig von Set und Setting und durch welche Methode der VWB induziert wurde.

Pharmakologische Stimuli

1. Halluzinogene 1. Ordnung zum Beispiel:
   Meskalin
   Psilocybin, LSD
   Cannabis
2. Halluzinogene 2. Ordnung zum Beispiel:
   Scopolamin
   Muscimol
   Phencyclidin, Ketamin, Stickoxydul (Lachgas)
   Nicotin

Folgende Auslöser führen in den VWB:

Psychologische Verfahren

1. Herabgesetzte Variabilität des Wahrnehmungsfeldes,
zum Beispiel:
   Reizentzug
   Isolationstank
   Hypnagoge Zustände
   Autogenes Training
   Hypnose
   Meditation

Monotone Musik

2. Erhöhte Variabilität / Rhythmizität des Wahrnehmungsfeldes, zum Beispiel:

   Reizüberflutung
   Rhythmisches Trommeln
   Trance-Tanz
   Langstreckenlauf

3. Weitere Techniken, zum Beispiel:

   Schlafentzug
   Hyperventilation
   Atem-Biofeedback (RFB nach Leuner)

Diese pharmakologischen Stimuli, die zumeist den illegalen Drogen zugeordnet werden, erzeugen sicherlich den intensivsten VWB. Diese VWB's sind sehr stabil während der Wirkdauer der Stoffe, von Minuten (DMT) bis zu mehr als 12 Stunden (LSD) anhaltend.

Die psychologischen Stimuli können zwar die Intensität der durch Drogen ausgelösten VWB erreichen, besonders der durch Musik ausgelösten. Sie sind zwar leichter störbar, können aber besser kontrolliert werden, was für den therapeutischen Einsatz einerseits mehr Beachtung für ein ungestörtes Setting erfordert, aber andererseits für die Therapie von Frühgestörten von Vorteil ist.

Die folgenden kombinierten Verfahren sind natürlich am intensivsten und stärksten. Sie wurden in alten Heilungsritualen daher bevorzugt. Allerdings erfordern solche Methoden zu denen auch die neue Psychotherapie-Form der Psycholyse (Psychotherapie mit Hilfe von psychoaktiven Substanzen) gehört, die meisten Kenntnisse und die längste therapeutische Ausbildung des Behandlers.

Es ist sicher kein Zufall, daß auch die Jugendlichen in der Drogenszene entdeckt haben, wie sich die Drogenerfahrungen intensivieren lassen. Daß es hierbei durch fehlende Sachkenntnis und mangelnde Verarbeitung der Erlebnisse zu länger dauernden Problemen kommen kann, ist nur folgerichtig.

Kombinierte Verfahren:

1. Kombination pharmakologischer Stimuli, zum Beispiel:

LSD – MDMA
MDMA – DMT

2. Kombination pharmakologisch- psychologischer Stimuli, zum Beispiel:
schamanische Techniken
Psycholyse
Techno-Parties

3. Kombination psychologischer Stimuli mit weiteren Techniken:
Sufi-Tanz
Bergsteigen
Disco

Interessant ist, daß es sich bei den VWB's wie auch beim psychopathologischen Syndrom der Schizophrenie um ähnliche Grunderfahrungen handelt. Sowohl in den transpersonalen Erfahrungen, die Grof 1978 beschrieb als auch in der schamanischen Seance finden sich die drei Kernerfahrungen wieder, wie sie Dittrich in seinen empirischen Dimensionen beschrieben hatte. Die ozeanische Selbstentgrenzung entspricht der antenatalen Erfahrung oder dem Paradies, bei der schamanischen Seance spiegelt sie sich in der Ekstase und Possession, in der Kommunikation mit der Überwelt wieder. Bei der psychotischen Episode entspricht diese Kernerfahrung der megalomanen Selbstüberhöhung, in der Omnipotenz.

Die angstvolle Ich-Auflösung zeigt sich in der transpersonalen Erfahrung als Geburtstrauma mit Angst, Hölle, Enge und Tod. In der schamanischen Seance als Zerstückelungserfahrung und Eintritt in die Unterwelt mit Rückkehr und Neugeburt. In der schizophrenen Psychose findet sich der negativ getönte Wahn mit höllischen Gefühlen des Selbstuntergangs und Depression.

Die visionäre Umstrukturierung läßt sich in der transpersonalen Erfahrung als die visionäre Welt beschreiben, die keine Unterscheidungen mehr zwischen Innen und Außen macht. Bei der schamanischen Seance zeigt sich das dissoziierte Bewußtsein, das nicht mehr zwischen der gewöhnlichen und außergewöhnlichen Realität unterscheidet. In der Psychopathologie des schizophrenen Syndroms treten hier die Wahrnehmungsveränderungen mit Halluzinationen und interpretativem Wahn auf.

In der folgenden Tabelle werden die pathologischen Erfahrungen mit den empirischen Dimensionen verglichen (nach Scharfetter)

Empirische Dimensionen (LUDWIG 1966) (DITTRICH 1985)	**Transpersonale Erfahrungen** (GROF 1978)	Schamanistische Seance	Psychopathologie des schizophrenen Syndroms
Ozeanische Selbstentgrenzung	Antenatale Erfahrung (amniotic universe) Paradies, Himmel	Kommunikation mit dem Transintelligiblenen, Kraft Ekstase, Possession, Überwelt	Megalomane Selbstüberhöhung, pos. getönter Wahn, Alleinheit Omnipotenz
Angstvolle Ich-Auflösung	Perinatale Erfahrung (birth trauma), Tod, Hölle, Enge, Angst	Zerstückelung, Unterwelt (Rückkehr und Neugeburt)	Selbstuntergang (Ich-Pathologie) Angst, Depression, Hölle, Wahn
Visionäre Umstrukturierung	Visionäre Welt, nicht unterschieden in innen / außen	Wahrnehmung der »non ordinary reality« (dissoziiertes Bewußtsein)	Halluzination, Wahn (Interpretation)

Scharfetter konnte nachweisen, daß während des akuten VWB's selbst von erfahrenen Psychiatern nicht eindeutig entschieden werden kann, ob es sich um außergewöhnliche Bewußtseinsphänomene handelt oder um eine pathologische psychotische Episode. Lediglich im Rückblick läßt sich eine klare Unterscheidung treffen, die unter anderem auch von der Dauer des VWB's bestimmt ist.

Im veränderten Bewußtseinszustand ist es möglich, zu Erfahrungen und Erinnerungen Zugang zu haben, die normalerweise nicht erfahrbar und erinnerbar sind. Diese stammen zum Beispiel aus der persönlichen Biographie bis hin zu der frühesten Kindheit und zu vorgeburtlichen und perinatalen Engrammen (Grof). Sie können aber auch die persönliche Ebene überschreiten und die kollektiv menschliche Ebene wie sie Jung beschrieben hat, erreichen. Schliesslich sind auch Erfahrungen möglich, die das menschliche Bewußtsein überschreiten. Im folgenden Überblicksmodell lassen sich die *Schichten des Bewußtseins* detailliert darstellen:

1. Persönliche Ebene
- Alltagsbewußtsein
- Ebene der freien Assoziationen
- Ebene der abstrakten ästhetischen Erfahrungen
- Ebene der biographischen Erinnerungen
- prä - und perinatale Engramme
- Ebene der Nah-Toderfahrungen / Schamanische Ich-Auflösung

2. kollektiv-menschliche Ebene
- Zugehörigkeit zu familiären Banden
- Zugang zu den Ahnen
- Zugehörigkeit zu bestimmten Volksgruppen / Stämme

3. transhumane Ebene
- Tierische Ebene
- Pflanzliche Ebene
- Mineralische Ebene
- Planetarische Ebene
- Kosmische Ebene / Makrokosmos
- Zelluläre Ebene / Mikrokosmos

Diese Schichten führen von relativ oberflächlichen Ebenen, die nahe am Alltagsbewußtsein sind, Schritt für Schritt tiefer ins persönliche, kollektive und schließlich transpersonale Bewußtsein. Je intensiver der VWB ist, desto tiefer die Schicht. Mit manchen Methoden, wie zum Beispiel Meditation wird der VWB langsam und kontrolliert vertieft, mit manchen, wie zum Beispiel Ketamin wird man direkt in tiefe transpersonale Ebenen geschleudert. In der Psychose, wie mit manchen Drogen, landet man wahllos und unvorhersehbar in einer solchen Schicht und weiß oft genug gar nicht, wo man sich gerade befindet.

In welche der beschriebenen Ebenen man gelangt, hängt weiterhin weniger vom Auslöser, von der Substanz oder von der psychologischen Methode ab, als vielmehr von der individuellen Bereitschaft des Einzelnen. Selbst bei der Psychose läßt sich beobachten, daß der VWB einer bestimmten Gesetzmäßigkeit folgt und immer wieder die gleichen oder doch sehr ähnliche Inhalte auftauchen. Und doch ist selbst in *einer* psychotischen Episode das ganze Spektrum von himmlischen bis höllischen Erfahrungen möglich. Leider kann ich in diesem Zusammenhang nicht auf die Modellpsychoseforschung eingehen und inwieweit Drogenerfahrungen eine schizophrene Episode imitieren können.

Tatsächlich folgen auch die durch Musik und bestimmte Klänge ausgelösten VWB's den gleichen individuellen Gesetzmäßigkeiten wie die Psychose. Dies eröffnet die Möglichkeit, mittels einer speziellen Musikpsychotherapie Gesetzmäßigkeiten der Psyche eines Menschen aufzudecken, sie zu enträtseln und zu entschlüsseln (dies ist die eigentliche Bedeutung des Wortes »psychedelisch«). In der visionären Schau lassen sich alte Strukturen verändern und neue Zukunftsperspektiven eröffnen.

Erfahrungen der LSD-Psychotherapie (Grof), der Psychoanalyse (Janus), der Prä- und Perinatalen Psychologie zeigen die enorme Bedeutung der frühen biographischen Schichten für die Ursachen psychischer Erkrankungen, insbesondere der Psychosen. Prä- und perinatale Engramme prägen unsere Psyche entscheidend.

Ich möchte daher zunächst die *perinatalen Matrizen* **(PM 1–4)** nach Grof in einer Übersicht darstellen:

PM 1: Das amniotische Universum

Symbiotische Einheit des Föten mit dem mütterlichen Organismus. *Ozeanisches Gefühl, kosmische Einheit, Himmel, Paradies, Schlaraffenland*

PM 2: Kosmisches Verschlungenwerden und Ausweglosigkeit
Beginn der Wehentätigkeit, Einschränkung des Lebensraumes und der Nahrungszufuhr.
Bedrohung des Lebens, Vergiftungs-Besessenheitsängste. Verschlungenwerden von Riesenspinnen und -kraken u.ä.
PM 3: Der große Kampf vor Tod und Wiedergeburt
Austreibungsperiode mit massivem mechanischen Druck, starker Sauerstoffmangel mit drohendem Ersticken.
Titanischer Kampf, sado-masochistische Erlebnisse, Bedrohung durch Dämonen, Vergewaltigung.
PM 4: Befreiung durch Tod und Wiedergeburt
Eigentliche Geburt des Kindes mit plötzlicher Erleichterung und Entspannung nach unerträglicher Angst und Schmerzen.
Reale Geburtserinnerungen? Das Sterben der angstgeprägten Einstellung zur Welt, glücklicher Ausgang gefährlicher Situationen.

Kursiv sind hier die Erlebnisse und Gefühle wiedergegeben, die Grof in der LSD-Psychotherapie bei seinen Patienten fand und die sich dann den perinatalen Matrizen zuordnen ließen.

Spezifische Klänge sind in der Lage, die einzelnen Stadien auf der symbolischen und vielleicht auch auf einer realen Ebene herbeizuführen.

Es ist jedenfalls erstaunlich, wie sehr im intrauterinen Klangszenario die Trommel dem Herzschlag ähnelt, das Didgeridoo den Darmgeräuschen, die Ocean Drum und der Gong dem Rauschen des Blutes in den Gefäßen etc., wenn die Instrumente auf eine besondere Weise gespielt werden. Die hohen Töne werden durch die Bauchdecke, Gebärmutter etc. am wenigsten gedämpft, vielleicht hat deswegen der Obertongesang eine besondere Bedeutung.

Klangtrance

Ich möchte im folgenden nur noch einmal kurz die wesentlichen Merkmale der Klangtrance zusammenfassen (Kategorien nach Bossinger / Hess):

* **Reduktion der Umweltstimulation**
spezielle Gesangsstile: »Kraftlieder« der Schamanen, »chanten« religiöser Mantren, Obertongesang
obertonreiche Instrumente: Tanpura, Monochord, Gong, Klangschale, Didgeridoo
* **Erhöhung der Umweltstimulation**
a) monoton rhythmische Stimulierung
treibende Rhythmen auf speziellen Trommeln, Rasseln und anderen Perkussionsinstrumenten
Trance Tänze: tanzende Derwische, aber auch zum Beispiel Techno, Rap
b) Reizüberflutung
Kombination verschiedener Methoden wie rhytmisches Trommeln, Tanz, monochrome Klänge, Gesänge und rituelle Handlungen in Verbindung mit Schlafentzug und Hyperventilation

Strobel beschrieb in der Klangtrance folgende Phasen:

1. Fixierung der Aufmerksamkeit
durch die Monotonie des klanglich-rhythmischen Sinnesreizes

2. Außerkraftsetzen gewohnter Bezugsrahmen
durch die Fremdartigkeit des außergewöhnlichen Klangeindrucks

3. Unbewußte Suche nach neuen Erfahrungen
durch die indirekt suggestive Wirkung des Klangs

4. Unbewußter Prozeß
über die Aktivierung persönlicher Themen durch die spezifische Wirkung der Klangfarbe

5. Hypnotische Reaktion
als Antwort auf den energetischen Klangarchetypus

6. Trance-Rücknahme
durch Beendigung des Klangs und / oder durch verbale Intervention

Die GONG-Therapie

Es handelt sich um eine Gruppentherapie mit maximal 12 Teilnehmern; sie ist Teil unseres tagesklinischen und stationären Programms. Patienten, die sich für eine Teilnahme interessieren oder denen die Teilnahme von ihren behandelten Therapeuten empfohlen wird, melden sich zu einem Vorgespräch bei mir und werden ausführlich über diese Behandlungsform informiert. Sie entscheiden sich erst dann, ob sie an dieser Therapie teilnehmen wollen. Voraussetzung ist, daß sie sich für noch mindestens weitere 6 Wochen der teilstationären oder stationären Behandlung unterziehen. In der Regel nehmen sie gleichzeitig auch an der Gestaltungstherapie und einer aktiven analytisch orientierten Musiktherapiegruppe teil.

Die Sitzung dauert ca. 2,5 Stunden. Die Teilnehmer sorgen selbst für eine angenehme Atmosphäre im Raum, legen Futons als Liegematten aus usw. Das Behandlungsteam kümmert sich um den Schutz des Raumes und bereitet die Instrumente vor. Ich selbst übernehme die verbale Einleitung in Form einer geführten Meditation und übernehme auch einen Großteil der musikalischen Führung. Meist sind noch 1–2 Mit-Musikanten und 1–2 Beisitzer als Co-Therapeuten tätig.

Die Beisitzer haben die Aufgabe, präsent zu sein und ihre Aufmerksamkeit auf die Gruppe zu lenken. Falls es einem Patienten zuviel oder zu intensiv wird, kann er durch Handzeichen einen Beisitzer zu sich holen. Dies wird jedoch nur ganz selten wahrgenommen, weil es den meisten Patienten genügt zu wissen, Hilfe herbeiholen zu können, oder weil sie die schwierige Situation alleine meistern wollen. Die pure Anwesenheit der Beisitzer spielt jedoch eine wichtige Rolle für ein geschütztes Setting.

Der Ablauf der eigentlichen Sitzung, die einmal wöchentlich stattfindet, ist folgender:

* Einstimmen der Instrumente und der Teilnehmer
* Verbale Trance- Induktion= geführte Meditation
* Klangtrance

Monochord
Tanpura und Obertongesang
Tanpura und Tabla
Ocean drum und Didgeridoo
Gong
Stille

* Rücknahme der Trance

Koto und Tabla
aktive Gruppenimprovisation

* spontanes Malen und / oder Gedicht
* Kreisritual mit zweimaliger Runde
* Protokoll 2–3 Tage nach der Sitzung

Die Reihenfolge der Instrumente wurde im Verlauf der letzten Jahre schon mehrfach modifiziert, im wesentlichen ist die Steigerung zum Gong hin jedoch gleich geblieben. Es wird ein großer Spannungsbogen gebildet, der auf der Symbolebene einen Geburtsprozess imitiert. Der Ablauf der Klangtrance läßt sich auch den Grof'schen Matrizen zuordnen:

Musikalischer Ablauf

1. Monochord: Einheit mit dem Universum, absolute Sicherheit, Himmel
= PM 1

2. Tanpura und Obertongesang: planetarisches Bewußtsein, Verbindung mit der Mutter, Wiegenlied = PM 1

3. Tanpura und Tabla: Sicherheit in rhythmischer Struktur, Herzschlag der Mutter = PM 1

4. Ocean drum und Didgeridoo: Verstärkung intra-uteriner Klänge, Verstärkung des Körpergefühls und der Sexualität = Ankündigung von PM 2

5. Gong: Wehen, Gepreßtwerden durch den Geburtskanal, Bedrohung, überwältigende Angst, Erstickungsgefahr, Tod und Wiedergeburt = PM 2, 3, 4

PM1 ist gleich mehrfach vertreten, um in den Patienten für längere Zeit und mit verschiedenen Instrumenten das Gefühl der Geborgenheit zu stärken, sodaß sie sich auch auf die schwierigeren Erfahrungen einlassen können und entsprechend vorbereitet dem Gong begegnen können, der mit seiner gewaltigen Klangfülle auch die Körper der Reisenden erbeben läßt (es ist ein symphonischer Gong von 1,50 m Durchmesser und 75 kg Gewicht!)

Direkt im Anschluß an die Klangtrance hat sich für die Integration des Erlebten das spontane Malen eines Bildes oder das Niederschreiben spontan auftauchender Worte in Gedichtform als hilfreich erwiesen. Danach erfolgt die verbale Aufarbeitung in Form eines Kreisrituals, in dem jeder soviel (oder sowenig), wie es im Moment stimmig ist, von seinem Erlebnis mitteilt. Dazu wird ein Gongschlägel als Aufmerksamkeitsfokus reihum gegeben. Nur wer den Schlägel hat, spricht, und die anderen hören zu. In einer zweiten Runde hat jeder die Gelegenheit, das, was ihn / sie besonders berührt hat an der Erzählung oder dem Bild der anderen, zum Ausdruck zu bringen. Die erste Runde dient also der Integration auf der persönlichen Ebene, die zweite Runde der Integration auf der interpersonellen Ebene.

Diese ritualisierte Form hat sich besonders bewährt bei Patienten mit Mißbrauchserlebnissen oder anderen belastenden Traumata: Sie haben selbst die Kontrolle über das Mitgeteilte und müssen nicht befürchten, zum Erzählen gedrängt zu werden oder durch ständiges Hinterfragen blossgestellt zu werden. Jeder hat ausreichend Zeit, sich langsam zu öffnen und erst allmählich im Verlauf der verschiedenen Sitzungen sich mehr in die Gruppe einzubringen.

Die Integration wird erst abgeschlossen durch ein Protokoll der Sitzung 2–3 Tage später, in dem jeder auch eine Interpretation des Erlebten versucht.

Bilder und Protokolle fließen wie alle anderen Produktionen in unsere Teambesprechung mit ein. Am Ende der Behandlung wird dann jedem die Gelegenheit gegeben, in einem Abschlußgespräch sich sämtliche Bilder nochmals zu betrachten und eine Entwicklung sichtbar zu machen. Dann können Bilder und Protokolle mit nach Hause genommen werden.

Andere rezeptive Verfahren

Mit einzelnen Instrumenten, die primär dazu geeignet sind, Vertrauen in die Therapeuten und die Beziehung zu fördern, werden auch Einzelsitzungen angeboten. Hierfür eignet sich am besten das Monochord und besonders gut eine Neu-Entwicklung der Körpermonochords, nämlich der Klangstuhl (entwickelt von Bernhard Deutz). Bei manchen Menschen eignet sich auch das Didgeridoo zu diesem Zweck. Gefühle der Geschütztseins und der Geborgenheit mischen sich mit denen der Dankbarkeit für die persönliche ungeteilte Zuwendung des Therapeuten durch sein Spiel. Dies hilft über schwierige Phasen während der Therapie hinweg und kann Inseln schaffen im Meer chaotischer Gefühle und Empfindungen. Das Eintauchen in einen universellen Klangraum hilft beim Bewußtwerden der Relativität der eigenen Sorgen und Ängste, und stellt die alltäglichen Dinge wieder in einen größeren Zusammenhang.

Indikationen und Behandlungsgrundlagen

Zu Beginn war ich sehr vorsichtig mit Patienten, die eine Psychose aus dem schizophrenen Formenkreis hatten und entweder im subakuten Zustand oder in der Remissionsphase waren. Unsere Angst bestand darin, daß vielleicht durch diese intensive aufdekkende Arbeit mit den Patienten und die intensiven Klänge die Psychose wieder aufflackern und reaktiviert werden könnte. Oder daß jemand irgendwie »ausrasten« könnte. Doch diese Sorge erwies sich als gänzlich unbegründet. Der VWB ist diesen Patienten ja sehr vertraut, und in der geschützten Atmosphäre der Sitzung einen durch die Instrumente geleiteten VWB zu erleben, fördert eher das Zurückkommen in die »Realität«. So werden auch die angenehmen Phasen der Psychose aktiviert, und die schrecklichen verlieren einen Teil des Bedrohlichen durch die Tatsache, damit nicht alleine gelassen zu werden und alleine der Hölle ausgeliefert zu sein.

Außerdem nehmen viele dieser Patienten zum ersten Mal einen deutlichen Unterschied zum Alltagsbewußtsein wahr. Sie bemerken durch die Rückmeldungen der Gruppenmitglieder ähnliche Themen und fühlen sich nicht mehr so isoliert. Durch Rückmeldungen der Gruppenleiter und Beisitzer und deren Bilder bemerken sie zusätzlich, daß diese Erlebnisse a priori nicht krankhaft sind, sondern allgemeiner Teil unseres (Unter-) Bewußtseins. Weiterhin lernen sie, daß diese Erlebnisse nicht wahllos zufällig oder abstrus sind, sondern daß sie etwas mit ihrer Biographie oder auch transpersonalen Bewußtseinsschichten zu tun haben.

Gerade auch im Zusammenhang mit einer psychoedukativen und einer Psychose-Erfahrenen Gruppe, in der die Patienten die Vielfalt psychotischen Erlebens kennenlernen und bestimmten Bewußtseinsschichten zuordnen können, verliert die Psychose auch für die betreffenden Patienten selbst das Uneinfühlbare, Abstruse und Schreckliche. Sie können lernen, mehr Kontrolle über diesen Prozeß auszuüben, einen VWB frühzeitig erkennen und sich besser davor zu schützen (zum Beispiel durch eine regelmäßigere Medikamenteneinnahme). So erfahren diese Patienten mit der Zeit im Austausch mit den anderen, welche Maßnahme sie gegen psychotisches Erleben ergreifen können und haben dann mehr die Wahl, inwieweit sie in ihrer Psychose leben wollen oder nicht. So wachsen Selbstverantwortung und Selbstbestimmung. Sie können in Zukunft selbstschädigende und destruktive Verhaltensweisen meiden, ebenso wie bestimmte Auslöser für den VWB.

Fallbeispiele

Aus der Vielzahl der bisher behandelten Patienten sollen 2 Verläufe kurz skizziert werden, um einen Einblick in die Praxis der Gongtherapie zu erhalten:

Eine 53 jährige schizophrene Patientin,die zu Beginn der Behandlung noch floride psychotische Symptome aufwies und wenig kooperativ war, erlebte bereits in der 1. Gongsitzung ein überwältigendes Geborgenheitsgefühl und eine sie durchströmende Kraft, was auch während der folgenden Konfrontation mit plötzlich einsetzenden Kriegserlebnissen nicht verschwand. Sie war am Kapitulationstag auf die Welt gekommen und hatte somit gleichzeitig Geborgenheit und massive Bedrohung pränatal erlebt. Sie verstand nun, wieso sie in vorangegangenen psychotischen Episoden immer wieder von diesen gegensätzlichen Gefühlen geplagt wurde. So erhielt die Psychose für sie einen Sinn, sie remittierte vollständig und ist seit langem aktives Mitglied unserer ambulanten Psychose-Erfahrenen Gruppe.

Ein 28-jähriger Patient, der uns von einer anderen Klinik zur Nachbehandlung mehrerer psychotischer Episoden mit hoher Neuroleptika-Dauermedikation überwiesen wurde, erlebte im Gong ein schweres psychisches Trauma wieder, das er 9 Monate vor dem Ausbruch seiner Psychose erlitten hatte. Er hatte das Flugzeugunglück in Ramstein erlebt, war mit seiner Freundin wenige Minuten vor dem Unglück an der Stelle gestanden, an dem ein Flugzeugteil niederging. Einer Eingebung folgend hatte er die Stelle verlassen, aber seine Freundin zurückgelassen. Sie starb und er blieb voller Schuldgefühle zurück. Monate später wurde er von Angstattacken überfallen (meist im Zusammenhang mit lauten Geräuschen wie Baumaschinen etc., die sich in psychotisches Erleben steigerten. Durch das Erleben im Gong wurden ihm die Zusammenhänge klar und er konnte sie bearbeiten. Die Dauermedikamente konnten abgesetzt werden.

Letztlich profitiert *die* Gruppe von Patienten am meisten von dieser Therapieform, bei der unsere Bedenken anfangs am größten waren.

Hauptindikationen:

* sog. »frühe Störungen«
* Patienten, die eine psychotische Episode erlebt, aber nicht integriert haben, zum Beispiel bei:
  schizophrenen Psychosen
  schizoaffektiven Psychosen
  Borderline Persönlichkeiten

Mißbrauch psychoaktiver Substanzen, inkl. sog. »Drogen-Psychosen«

* Suchterkrankungen

aber auch:

* Hirnorganische Störungen, zum Beispiel Morbus Alzheimer

Hauptindikation für diese Form der Musikpsychotherapie sind also alle Patienten, die VWB's erlebt, aber nicht integriert haben. Auch Suchterkrankungen können gebessert werden, vor allem, wenn sie mit unverarbeiteten traumatischen Erlebnissen verknüpft sind. Die Rückfallgefahr bei Alkohol- oder auch Opiatabhängigen kann zwar während der Aufdeckungsphase solcher traumatischer Erfahrungen (sei es als Täter oder Opfer) steigen. Durch eine adäquate stationäre Einbindung und therapeutische Begleitung lassen sich in der Regel aber Behandlungsabbrüche vermeiden.

Leider kann ich noch zu wenig über den Langzeitverlauf bei Abhängigen berichten, weil wir erst seit 2 Jahren Suchtpatienten in größerem Umfang mit unserem Konzept tagesklinisch oder stationär behandeln.

Musiktherapie (besonders die aktive) wird sich wahrscheinlich als Methode der Wahl auch bei Alzheimer-Patienten durchsetzen. Ich habe mit der Gongtherapie bisher nur mit 2 Patienten Erfahrungen sammeln können, da jedoch über einen sehr langen Zeitraum (bis zu mehr als 3 Jahren). Die Erfahrungen waren überaus positiv. Es gab sowohl überraschende, sofort nach der Sitzung auftretende Effekte, wie zum Beispiel, daß ein Patient nach der Sitzung plötzlich wieder schreiben konnte, was mehr als 2 Jahre anhielt. Es werden aber auch langfristig alte Ressourcen wieder geweckt. Bei einem Patienten waren die Auswirkungen der Musiktherapie so erstaunlich, daß sie als Einzelfallstudie veröffentlicht wurden (Diplomarbeit von M. Miltner).

Positive Erfahrungen haben wir auch mit Angsterkrankungen sammeln können in der Aufdeckung der Angstursachen.

Kontraindikationen

Sie sind weniger an der Diagnose festzumachen, als vielmehr daran, ob jemand längerfristig bereit und in der Lage ist, sich auf diese Therapieform einzulassen. Bei Mißbrauchsopfern besteht die Gefahr, daß die traumatische Erfahrung lediglich reaktiviert wird und manche Patienten dann damit agieren. Erneute Schuldzuweisungen sind dann die Folge, ebenso eine Bestärkung des alten Musters. Gerade bei Borderline-Patienten ist auf solche Entwicklungen zu achten. Meist läßt sich dies therapeutisch bearbeiten, wenn die nötige Zeit hierfür zur Verfügung steht. Aber wenn sich daraus nur Wiederholungsmuster entwickeln, ist es besser, diese Therapieform abzubrechen. Angesichts der Vielzahl solcher Patienten, die wir in den letzten 10 Jahren behandelt haben, war dies jedoch nur ganz sporadisch der Fall.

Es gibt relativ wenig langfristige Erfolge bei schweren affektiven Störungen wie Zyklothymien und sog. endogenen Depressionen. Zwar läßt sich das depressive Syndrom kurzfristig beeinflussen. Die Patienten erleben es zum Teil sehr erleichternd, aus dem Strudel negativer Gedanken für die Dauer der Sitzung herauszukommen, umso beklemmender kann dann aber eventuell auch wieder die anschließende Rückkehr in die Depression sein.

Während schizophrene Patienten selbst bei einer Wiedererkrankung die Früchte unserer therapeutischen Bemühungen erkennen lassen mit zum Beispiel weniger schwerwiegenden Kontaktabbrüchen oder schnellerer Remission, kommt es bei Zyklothymen immer wieder zu ähnlichen Krankheitsphasen.

Da Schizophrene entgegen der bisherigen Lehrmeinung eher ein engeres Wirklichkeitskonzept als psychisch Gesunde haben, betrachten sie daher Wahrnehmungsveränderungen geringen Ausmaßes bereits als bedrohlich und müssen diese Erfahrungen abspalten. Doch im Verlauf der Therapie können sie ihr Wirklichkeitskonzept über einen längeren Zeitraum erweitern, brauchen weniger zu spalten und können so mit ihrer Erkrankung besser umgehen.

Schlußbemerkung

Diese Behandlungsform ist bezüglich der Instrumentenauswahl und meiner Stellung im Team auf meine Person zugeschnitten und somit nicht ohne weiteres reproduzierbar. Jedoch müßten sich bei Beachtung der oben genannten Grundprinzipien, mit ausreichend Selbsterfahrung in VWBs und psychotherapeutischer Ausbildung, ähnlich gute oder bessere (!) Ergebnisse erzielen lassen.

Ich möchte abschließend betonen, daß der Behandlungserfolg natürlich nicht allein die Frucht der Musiktherapie ist, sondern die Erfolge eines differenzierten psychotherapeutischen Konzeptes bei Psychosen und eines engagierten und erfahrenen Behandlungsteams, das bereit ist, sich als Projektionsfläche für alte Beziehungsdramen und für eine Neuorientierung zur Verfügung zu stellen.

Zusammenfassung

Die (psycho-)therapeutische Arbeit mit veränderten Bewußtseinszuständen (VWB) und Klangtrance in der stationären Psychiatrie ist noch neu. Der vorliegende Beitrag beschreibt eine rezeptive Musiktherapie (die sogenannte Gong-Therapie) mit ihren theoretischen Grundlagen, Erfahrungen und Indikationen für eine kausale Behandlung von Psychosen und anderen frühen Störungen. Die archaischen Klangkörper und ihr spezifischer Klangarchetypus ermöglichen einen Zugang zu persönlichen biographischen und transpersonellen Bewußtseinsschichten. Die Ähnlichkeit des VWB mit dem psychotischen Erleben läßt eine Bearbeitung zu und ermöglicht ihre Integration. Heilungsprozesse werden auf diese Weise gefördert und die Eigenverantwortlichkeit und Selbstständigkeit der Patienten wird gestärkt.

Abstract

The so-called GONG-therapy is an innovative method of receptive music psychotherapy with archaic instruments with psychotic patients. Indications and experiences in a psychiatric clinic are presented as well as the theoretical background of this method of healing with deep altered states of consciousness. The trance induced by archaic instruments (e.g. didgeridoo, Gong) reveals early biographical layers of consciousness and transpersonal dimensions.

The similiarity of the experiences in the sound trance and in the psychotic episode gives the patients the chance to integrate them. So a healing process is initiated and the patients_ sense of responsibility and independence is supported.

Key-words
receptive music psychotherapy and psychosis - sound trance - altered states of consciousness - archaic instruments - gong - didgeridoo

Abdruck mit freundlicher Genehmigung aus: *Musiktherapeutische Umschau 20, 73–92 (1999):* Musiktherapie mit archaischen Klangkörpern. Eine neue Behandlugsmethode von sog. frühen Störungen.

Literatur

Bossinger, W. & Hess, P. (1993). Musik und außergewöhnliche Bewußtseinszustände. Musiktherapeutische Umschau, 14-3, S. 239-254.

Dittrich, A. (1985). Ätiologie-unabhängige Strukturen veränderter Wachbewußtseinszustände. Stuttgart: Enke.

Dittrich, A. & Scharfetter C. (1987). Ethnopsychotherapie. Stuttgart: Enke.

Eliade, M. (1975). Schamanismus und archaische Ekstasetechnik. Frankfurt a. M.: Suhrkamp.

Grof, S. (1978). Topographie des Unbewußten. Stuttgart: Klett-Cotta.
Grof, S. (1987): Das Abenteuer der Selbstentdeckung. München: Kösel.
Haerlin, P. (1993): Klang und Trance im psychoanalytischen Setting. Musiktherapeutische Umschau, 14,3, S. 219-233, Frankfurt a.M.: Bochinsky.
Haerlin, P. (1998): Bewußtseinsverändernde Klanginstrumente in der Psychotherapie. Psychotherapeut 43, S. 238-243. Heidelberg: Springer.
Hess, P. (1992): Die Bedeutung der Musik für Set und Setting in veränderten Bewußtseinszuständen. Jahrbuch des europäischen Collegiums für Bewußtseinsstudien, Berlin: VWB.
Hess, P. (1993). Die psychedelische Musiktherapie. In: Rätsch, Ch. (Hg.): Naturverehrung und Heilkunst, S. 250-258. Südergellersen: Bruno Martin.
Hess, P. (1994): Musiktherapie bei veränderten Bewußtseinszuständen in der Psychiatrie. In: Dittrich, Leuner, Schlichting (Hrsg.): Welten des Bewußtseins, S. 193-198. Berlin: VWB.
Janus, L. (1991). Wie die Seele entsteht. Hamburg: Hoffmann und Campe.
Ludwig, A.M. (1966): Altered states of consciousness. Archives of general psychiatry, 115, S. 225-234.
Miltner, M. (1998): Unveröffentlichte Diplomarbeit
Moreno, J.J. (1987): Der Musiktherapeut als moderner Schamane. Musiktherapeutische Umschau 2, S. 108-123 . Frankfurt a.M.: Bochinsky.
Scharfetter, C. (1987): Paranoid-halluzinatorische Zustandsbilder bei drogen-induzierten Psychosen. In: Olbrich (Hg.): Halluzination und Wahn, S. 42-51, Heidelberg: Springer.
Scharfetter, C. (1995): Welten des Bewußtseins und ihre Kartographen. Curare 1 / 1995: Berlin: VWB.
Strobel, W. (1988). Klang - Trance - Heilung. Die archetypische Welt der Klänge in der Psychotherapie. Musiktherapeutische Umschau, 9, 2, S. 119-139. Frankfurt a.M.: Bochinsky.
Strobel, W. (1994). Die klanggeleitete Trance. In: Dittrich, Leuner & Schlichting (Hrsg.): Welten des Bewußtseins. S.225-237, Berlin: VWB.

Strobel, W. & Timmermann, T. (1989): Klanggeleitete Trance mit Monochord, Gong oder Klangschale als Weg zum Unbewußten. Ethnotherapeutische Elemente in der psychotherapeutischen Praxis, S. 113-147.

Timmermann, T. (1987): Musik als Weg. Zürich: Pan.

Timmermann, T. (1989): Das Monochord. Eine Wiederentdekkung. Musiktherapeutische Umschau 10, 4, S. 308-320. Frankfurt a.M.: Bochinsky.

Yensen, R. (1989): Peceptual affective therapy and shamanism - a report. In: Schlichting, Leuner (Hrsg.): 3. Symposion über psychoaktive Substanzen und veränderte Bewußtseinszustände in Forschung und Therapie.

Homöopathische Behandlung psychiatrischer Erkrankungen

Wolfgang Barck

Die vielgeschmähte Homöopathie ist jetzt genau 200 Jahre alt, also etwa so alt wie die Psychiatrie. Beide entstanden um die Wende vom 18. zum 19. Jahrhundert. Beide gingen aber völlig getrennte Wege und die Psychiatrie ahnt noch heute nicht, wie viele Umwege und Mißerfolge sie sich hätte ersparen können und welche Erfolge sie sich nicht hätte entgehen lassen, hätte sie die Homöopathie ernst genommen. Statt dessen wurde die Homöopathie von Anfang an in die Außenseiterrolle gedrängt und lächerlich gemacht.

So wie man in der Kirchengeschichte lange zwischen den Orthodoxen, das heißt den Rechtgläubigen und den Ketzern und Sektierern unterschieden hat, so gibt es eben auch wissenschaftliche Ketzereien und Ketzergerichte, wenn auch nicht gerade mehr mit Scheiterhaufen.

Man sagt oft, die Homöopathie sei unwissenschaftlich. Aber was ist wissenschaftlich? Zur Wissenschaftlichkeit gehören vor allem zwei Dinge: Vorurteilslosigkeit und unmittelbare Erfahrung. Wer die Homöopathie von vornherein ablehnt, beweist damit nur, daß er sie nicht kennt, zumindest nicht aus eigener Erfahrung, und daß er in Vorurteilen befangen ist. Wenn mir so jemand gegenübersitzt, frage ich nur: Woher wissen Sie das? Und schon muß er eingestehen, daß er Homöopathie nicht am eigenen Leib erfahren hat.

Es gibt die schöne Geschichte von einem Doktoranden in Leipzig, zur Zeit Hahnemanns, der eine Dissertation schreiben sollte »Über die Irrlehre der Homöopathie«. Er war dazu bereit, wollte aber nicht nur polemisieren, sondern sich ein sachlich begründetes Urteil bilden. Je gründlicher er sich in das Thema einarbeitete, um so mehr überzeugte ihn die Sache, und er wurde von einem »Saulus« zu einem »Paulus«, so daß er die vermeintliche »Irrlehre« nicht mehr als solche ablehnen konnte, sondern sie zu seiner Lebensaufgabe wurde. Er wurde zu einem der bedeutendsten Homöopathen seiner Zeit, dem wir noch heute viel verdanken.

Ähnliches spielt sich auch in der Praxis ab.

Einem Patienten hilft ganz eindeutig ein homöopathisches Mittel. Er fragt mich deshalb: »Was war denn das? Ich bin Chemiker bei Merck; mir können Sie nichts vormachen!« Ich zeige ihm das Fläschchen, auf dem steht: »Natrium muriaticum D 2000«. Darauf er: »Also nichts! Also doch ein Placebo!« Darauf verläßt er wütend den Raum und ward nicht mehr gesehen. Er hatte eben als Chemiker seine bestimmten Vorstellungen von der Materie, die stärker waren als die unmittelbare Erfahrung am eigenen Leib. Das kann ich nur wissenschaftliche Voreingenommenheit nennen.

Ein Gegenbeispiel: Ein Doktorand der Physik, der mir schon am Telefon durch seine Ungeduld auffiel, bekommt wegen seiner chronisch rezidivierenden Anginen eine Dosis Lachesis C 30 (ein homöopathisches potenziertes Schlangengift, zu dessen Symptomenbild unter anderem die hektische Ungeduld gehört). Das Mittel hilft sofort und nachhaltig. Auch er will wissen, was das war. Ich leite meine Antwort ganz vorsichtig mit den Worten ein: »Sie als exakter Naturwissenschaftler werden vielleicht Schwierigkeiten haben, das zu verstehen.« Darauf gibt er mir die geradezu klassische Antwort: »Wieso? Ich bin experimenteller Physiker und für mich gelten nur Tatsachen und es ist nun einmal eine Tatsache, daß mir das Mittel prompt geholfen hat!« Das nenne ich wissenschaftliche Unvoreingenommenheit!

Noch ein Beispiel aus der Zeit meines Übergangs von der Psychoanalyse zur Homöopathie. Einem Patienten mit einer schweren Angstneurose, um den ich mich schon zwei bis drei Jahre bemüht hatte, schlage ich vor, ein Medikament zu geben. Er reagiert mit Angst, weil er glaubt, nun »abgeschoben und mit einem Psychopharmakon abgespeist« zu werden. Er ist aber dann doch, wie er sagt, »aus wissenschaftlicher Neugier« bereit, das Mittel zu nehmen. Er bekommt eine Dosis Arsenicum album D 30, eines unserer besten Heilmittel für die Angst. In der nächsten Stunde berichtet er: »Nach der letzten Stunde habe ich zum ersten Mal seit 10 Jahren, das heißt seit ich diese Angstzustände habe, alleine einen Spaziergang gemacht. Aber ich weigere mich, anzuerkennen, daß das irgend etwas mit dieser Tablette zu tun haben könnte. Doch als ich nach Hause kam, schaute ich in den Spiegel und da fiel mir auf, daß ich zum ersten Mal seit 10 Jahren keine weiß belegte Zunge mehr hatte, denn seit ich die Angstzustände habe, war meine Zunge immer weiß belegt. Das kann doch kein Zufall sein.« Die Therapie, die sich bis dahin mühsam dahingeschleppt hatte, ging von nun an mit Riesenschritten weiter und war nach kurzer Zeit erfolgreich beendet. Einige Wochen Behandlung mit homöopathischem Arsen brachten mehr als jahrelange Analysen. Seit Jahren behandle ich nun seine ganze Familie.

In einem Punkt sind wir ganz bestimmt nicht »unwissenschaftlich«. Wir sind strenge Empiriker und lassen uns vorurteilslos auf die Erfahrung ein.

Jemand hat es so formuliert: »Die Homöopathie ist eine unmögliche Tatsache.« Das ist natürlich ein Widerspruch in sich: entweder ist etwas unmöglich, dann kann es keine Tatsache sein, oder es ist eine Tatsache, dann kann es nicht unmöglich sein. Hahnemann formuliert kurz und bündig: »Was wirklich ist, muß doch mindestens auch möglich sein.« Man hat allzu lange theoretisch über die Möglichkeit oder Unmöglichkeit der Homöopathie diskutiert und polemisiert, ohne die Tatsache zur Kenntnis zu nehmen. Ich habe nicht vor, mich an dieser Diskussion zu beteiligen, sondern möchte nur Tatsachen bringen, über die man nicht streiten kann, das heißt ich möchte einfach nur die Erfahrung sprechen lassen.

Angenommen, wir halten die Homöopathie grundsätzlich für möglich; weil wir die Tatsache nicht wegdiskutieren können, dann bleibt noch die Frage, *wie* sie möglich ist. Das ist eine mehr theoretische Frage, die auf einem ganz anderen Blatt steht und die im Grunde auch heute noch nicht gelöst ist.

Zugegeben: in dieser Hinsicht ist die Homöopathie auch heute noch ein Rätsel.

Als ich gebeten wurde, diesen Beitrag zu schreiben, kam mir das Bild von einem Botanik-Professor vor Augen, den man bittet, in 45 Minuten einen Überblick über die ganze Botanik zu geben. Das wäre ihm unmöglich, aber er würde vielleicht sagen: Machen wir einen kleinen Rundgang durch den botanischen Garten, dann kann ich Ihnen einige Pflanzen zeigen und Ihnen anhand der direkten Anschauung einen Eindruck von meiner Arbeit vermitteln.

Etwa in diesem Sinn möchte ich Sie sozusagen in meine Praxis einladen, um Ihnen anhand einiger Fälle einen ersten Eindruck von den kaum bekannten Möglichkeiten der Homöopathie auf dem Gebiet der Psychiatrie zu vermitteln.

Fall 1:

Ein 51-jähriger Diabetiker, der ursprünglich ein sehr lebensfroher und aktiver Mensch war, wird im letzten Augenblick aus einem hypoglykämischen Koma ins Leben zurückgeholt. Beim Aufwachen sieht er eine dunkle Gestalt und glaubt, das sei der Tod. Er fragt sich: Bin ich nun tot oder lebe ich noch? – Von da an ist er völlig verändert. Er ist viel ernster, möchte nur noch allein sein und denkt ohne gefühlsmäßige Beteiligung an Suizid. Das Leben ist ihm gleichgültig, und er meint, er könnte ebenso gut tot sein, er lebe nur noch, um seiner Frau, die er sehr liebt, den Schmerz seines Todes zu ersparen. – Ich weiß nicht, wie ich in meiner psychiatrischen Zeit über einen solchen Fall gedacht hätte, oder wie ich ihm hätte helfen sollen. – Homöopathisch gesehen steht der Verlust der Lebensfreude im Vordergrund und das ist ein charakteristisches Symptom aus dem Arzneimittelbild Aurum (Gold).

Der Patient bekommt deshalb fünf Kügelchen Aurum D 200 und nach ca. vier Wochen ist seine Todessehnsucht verschwunden und die Lebensfreude wieder zurückgekehrt. Er ist nun wieder der, der er früher war.

Fall 2:

Ein 46jähriger Patient gibt freimütig zu, daß er ca. 10 bis 15 Jahre lang Alkoholiker gewesen sei. Er habe aber, besonders mit Hilfe der »Anonymen Alkoholiker«, den Absprung geschafft und sei seit längerer Zeit »trocken«.

Er habe immer nur Bier getrunken, ca. acht bis zehn Flaschen täglich. Er habe jahrelang unter Magenschmerzen gelitten, die regelmäßig durch Biergenuß besser geworden seien. Während seiner Alkoholikerzeit habe sich auch ein beträchtliches Übergewicht entwickelt. Er habe Unmengen gegessen, besonders Fleisch, vor allem fettes Fleisch. Außerdem war er schon immer starker Raucher, hatte schon immer Hämorrhoiden und Neigung zu Verstopfung.

Durch den Alkoholismus sei seine Ehe zerstört. Er könne die Abneigung seiner Frau verstehen, da er zum Beispiel nur unter Alkoholeinfluß mit ihr habe kohabitieren können. Nun lebe er nur noch wie ein Untermieter bei seiner Frau und habe seit fünf Jahren keine geschlechtlichen Beziehungen mehr mit ihr. Die Trennung sei unvermeidlich, obwohl er sich durch die Therapie grundsätzlich gewandelt und ganz neue geistige Interessen entwickelt habe. Seit er jedoch »trocken« sei, leide er unter depressiven Arbeitsstörungen, was unter anderem auch damit zusammenhänge, daß er keine Partnerin habe.

An sich lerne er in den Gruppensitzungen der »Anonymen Alkoholiker« immer wieder Frauen kennen, die ihm gefallen und bei denen er Chancen habe; aber jeder Annäherungsversuch werde regelmäßig blockiert durch unüberwindliche Hemmungen. Er könne dann einfach nicht über seinen Schatten springen. Schon in seiner Jugend sei er sehr schüchtern und verklemmt gewesen, habe nie ein gesundes Selbstbewußtsein gehabt. Erst durch die »Anonymen Alkoholiker« habe er reden gelernt, aber früher habe er diese Hemmungen durch Alkohol zu überspielen versucht. Diese Hemmungen seien der eigentliche Grund, weshalb er zum Alkoholiker geworden sei.

Er bekommt drei Globuli Silicea D 200 und bemerkt dazu leicht ironisch: »Sie werden mir ja auch nicht auf einem silbernen Tablett eine neue Frau präsentieren können.«

Elf Tage später berichtet er voller Bewunderung für die Kunst der Homöopathie, er sei zwei Tage lang sehr müde gewesen. Am dritten Tag habe er eine Frau kennengelernt und sie zu seiner eigenen Verwunderung gleich geküßt, so daß sie zu ihm sagte: »Sie sind aber forsch!« Das habe er noch nie von einer Frau gehört. Für den nächsten Tag habe sie ihn in ihre Wohnung eingeladen und eindeutig Interesse für ihn gezeigt. Nur einer Reihe von merkwürdigen Zufällen, die er dem »Eingreifen der höheren Macht« zuschreibt, sei es zu verdanken, daß es nicht gleich »zu allem« gekommen sei.

Am nächsten Tag ging er zu seinem Chef, um sich wegen einer Rüge zu rechtfertigen.

Während er früher dem Chef immer »geduckt und ängstlich« gegenübergetreten sei, habe er jetzt ganz frei und offen mit ihm geredet, so klar und deutlich wie noch nie. Auch dem Chef sei aufgefallen, daß er ihm gegenüber anders auftrat.

Er berichtet dann noch, daß er die Tendenz habe, immer zu spät zu kommen. Auch das habe ihn immer »geduckt«, während man ihm bei den »Anonymen Alkoholikern« unterstellte: Wer zu spät komme, wolle nur Aufmerksamkeit auf sich ziehen. In den letzten Tagen komme er jedoch zu seiner eigenen Überraschung pünktlich.

(Tatsächlich ist auch das chronische Zu-spät-Kommen eine Silicea-Symptom, wie ich erst nachträglich feststelle.)

Er bekommt als vorläufige Dauerdosierung Silicea LM 6, täglich fünf Tropfen.

Wieder fünf Wochen später berichtet er, daß er eine erheblich bessere Kontaktfähigkeit entwickelt und in den letzten Wochen mehr Frauen kennengelernt habe als in seinem ganzen bisherigen Leben. Früher habe er sich selber im Weg gestanden mit seinem ewigen Grübeln und seinem Selbstmitleid. Das sei fast völlig verschwunden. Er sei forscher geworden, setze sich im Café neben die hübschesten Frauen und komme mit ihnen ins Gespräch. Früher sei seine einzige Kontaktmöglichkeit das Bordell gewesen, und ein solcher Besuch sei ihm erst nach reichlichem Alkoholgenuß möglich gewesen. Jetzt wisse er zum ersten Mal, was »Liebe« sei, bisher habe er nur das »Verlangen« gekannt. Das gäbe es jetzt für ihn nicht mehr, und insofern sei er innerlich ganz ruhig.

Auch sein Arbeitsverhalten sei anders geworden. Früher habe er »doppelt gearbeitet«, jetzt sei er »fauler« und habe ein Bedürfnis nach Muße.

Zwei Monate später hat er sich räumlich von seiner Frau getrennt. Es treten gewisse Rückfallerscheinungen auf, indem er sich wieder in sich zurückzieht. Er sei schon »frecher« gewesen las jetzt. Dabei stellt sich heraus, daß Silicea irrtümlicherweise unterdosiert war.

Davon abgesehen wurden ihm charakteristische Konflikte klar: das Bedürfnis nach absoluter Nähe einerseits und andererseits die Flucht, wenn sich ihm die Gelegenheit zu solcher Nähe bietet. Er wisse nicht, ob er ein Abenteurer sei (der er irgendwo sein möchte). Er hüpfe zwar von einer Blüte zur anderen, fliehe aber immer, wenn es enger wird.

Dann höre ich nichts mehr von ihm, bis er nach über einem Jahr mit einer ganz anderen Symptomatik wiederkommt: Er klagt über Blähungen, Magendruck und darüber, daß er bei Angst Stuhldrang verspüre, ohne sich aber entleeren zu können. Er sei allgemein verkrampft und könne nicht loslassen. Schon als Kind habe er bei Angst Magenkrämpfe bekommen. Er beobachtet genau Hunde, die, wenn sie verstopft sind, vor der Deflation unruhig im Kreis herumlaufen, bis sie endlich ihren Kot absetzen können. Genauso fühle er sich: wie ein unruhiger, verstopfter Hund. – Schon am Anfang waren deutliche Nu vomica-Symptome aufgefallen; jetzt bringt er ein besonders einprägsames: Er habe in seiner Alkoholiker-Zeit »ebenso viel Fleisch gegessen wie Bier getrunken«. Beides sei vorbei. Seit er abstinent sei, ekele ihn Fleisch an. Allerdings sei er noch ein starker Raucher.

Er bekommt eine Dosis Nux vomica C 30. Drei Wochen später meint er, er könne es noch gar nicht glauben, er sei ganz begeistert. Die ganze Symptomatik, unter der er seit Kindheit gelitten habe, sei »wie weggeblasen«. Nur in besonderen Konfliktsituationen traten noch einige Male die Blähungen in abgeschwächter Form auf.

Er macht dann noch eine interessante Bemerkung, die Aufschluß über den Zusammenhang der beiden Arzneimittelbilder gibt: Als man ihm den Alkohol weggenommen habe, habe er sich gefragt: Wie soll es ohne Alkohol weitergehen? Der Alkohol war für ihn ein Mittel, Hemmungen und Minderwertigkeitsgefühle zu überspielen und sich eine scheinbare Selbstsicherheit zu verschaffen. Nachdem er trocken war, trat seine Selbstunsicherheit voll zutage.

Die Therapie verlief also quasi in zwei Schichten: Zunächst half Silicea gegen die Selbstunsicherheit, dann kamen die älteren, zum Teil seit Kindheit bestehenden Nux vomica-Symptome zum Vorschein, von denen der Alkoholismus nur eines von vielen war.

Fall 3:

Ein 32jähriger, älter wirkender Patient, der auf die Frage nach seinem Beruf angibt, er habe keinen Beruf. Er arbeite nicht, lebe bei und von seinen Eltern, bekomme auch keine Arbeitslosenunterstützung.

Er leide deshalb unter schweren Minderwertigkeitskomplexen und Kontaktstörungen, könne niemand in die Augen sehen.

Die Folge sei ein völliges Versagen im Arbeitsleben und bei Frauen. Das heißt, er wage sich keiner Frau zu nähern, weil er kein eigenes Einkommen habe. Er könne sich nicht von seinen Eltern lösen, strafe sie wohl unbewußt dafür, daß sie ihn zweimal nicht aus dem Haus ließen, einmal als er mit 18 Jahren Seemann und später, als er Musiker werden wollte.

Er stehe nicht »auf eigenen Füßen« und brauche noch die Geborgenheit bei den Eltern, obwohl er fast täglich die vorwurfsvolle Frage hören müsse, warum er nicht arbeite. Seinem Vater gegenüber empfinde er gleichzeitig Haß und Liebe. Er leide unter starken Depressionen, lebe seit Jahren in einer pessimistischen Grundstimmung. Er sei leicht erregbar und sehr verkrampft, könne nicht entspannt ausatmen. Außerdem sei er empfindlich und verletzlich, ziehe sich zurück. Er habe Angst, seine Liebe zu zeigen. Verliebtheit mache ihn verlegen.

Ein Satz fällt mir besonders auf: »Der Glanz ist irgendwie verlorengegangen.«

In seinem Lebenslauf schreibt er: »Als Kind war ich immer aufgeschlossen. Mein Vater konnte sehr streng sein. Als ich sechs oder sieben Jahre alt war, fiel mir auf, daß manche Frauen Schuhe mit sehr hohen Absätzen trugen. Ich war damals ganz versessen auf solche Schuhe. In meiner Schulzeit hatte ich einen Schulfreund. Um es kurz zu sagen, seine Mutter trug Schuhe mit sehr hohen Absätzen. Wenn sich eine Gelegenheit bot, nahm ich solch ein Paar Schuhe mit nach Hause, denn sie erregten mich sehr. Das alles geschah, ohne daß es jemand merkte.

Mit neun Jahren entdeckte ich meine Liebe zur Musik. Ich ging in eine Musikkapelle und lernte die Querflöte. Ich blieb dort sechs Jahre. Mit dreizehn lernte ich noch Tenorsaxophon spielen, es sollte einmal mein Hauptinstrument werden.

1965 begann ich eine Schneiderlehre und bestand 1968 die Prüfung als Herrenschneider.

In dieser Zeit als Lehrling verliebte ich mich das erste Mal in eine Arbeitskollegin. Ich wußte damals nicht richtig, was mit mir los war. Ich wurde, als mir das bewußt wurde, knallrot im Gesicht und brachte kein Wort mehr hervor. Dies ging so ungefähr eineinhalb Jahre lang. Ich wußte, sie hatte einen Freund. Ich wußte nicht, was ich machen sollte. Die Sache verschlimmerte sich noch. Ich wurde nicht mehr rot, mir brach dann der Schweiß in Strömen im Gesicht aus. Ich denke, ich ging damals durch die Hölle. Ich wollte weg von diesem Arbeitsplatz. Ich meldete mich also für vier Jahre freiwillig zur Marine. Aber da ich noch nicht volljährig war, hat meine Mutter diesen Vertrag nicht unterschrieben. Ein Jahr später wollte ich mein Hobby, die Musik, zum Beruf machen. Während ich sonst schüchtern war, hatte ich als Musiker eine quasi erotische Beziehung zum Publikum. Auch da unterschrieben meine Eltern den Vertrag nicht. Zurück also zum Arbeitsplatz. Kurzum, ich ging mittags nicht zur Arbeit, sondern in ein Gasthaus und ließ mich vollaufen. Abends ging ich zu meinem Chef und sagte ihm, daß ich kündigen muß. Von da an ging alles schief. Ich hatte eine Menge Arbeitsplätze, immer Schweißausbrüche und Minderwertigkeitsgefühle. Die Frauen, die ich hatte, haben mich auch enttäuscht. Ich kehrte also zu den Schuhen zurück. In diesen ganzen Jahren von 1973 bis 1982 nahm ich Beruhigungspillen und Antidepressiva. Ich habe auch zeitweise Haschisch geraucht. 1981 machte ich wegen der Schuhe eine Psychotherapie an der Universität Frankfurt, Sexualwisssenschaftliche Abteilung. Da ging es mir seelisch viel besser, dies hielt aber nur kurz an.

Ich möchte wieder unbefangen den Menschen in die Augen sehen können und Mut möchte ich auch wieder haben. Ich denke, mein Vater verachtet mich, weil ich's zu nichts gebracht habe als nur zu versagen.

Ich denke, man hat mir mein Leben verbaut. Das hätte man nicht tun dürfen. Das belastet mich schwer. Deshalb versage ich immer wieder. Es ist nicht das, was ich gewollt habe.

Wir haben 1969 aufgestockt, unser Haus vergrößert. Ich half fest mit und dachte, daß ich einmal diese Wohnung bekommen würde. Aber mein Bruder heiratete 1974 und ich mußte auch diesen Traum begraben.

Heute mittag kam ein Verwandter meines Vaters. Er fragte mich, warum ich nicht arbeiten würde. Wenn ich so weitermachen würde, würde ich dem Armenhaus zur Last fallen. Ich konnte mich nicht einmal wehren. Ich weiß nicht, wo das hinführt. Ich spüre, ich habe meinen Lebensmut verloren. Ich habe das Gefühl, solange ich zu Hause wohne, kann ich nicht mehr arbeiten. Ich glaube halt doch, daß es daran liegt, daß mein Umgang mit der Gemeinschaft gestört ist. Ich gehe jedem Bekannten aus dem Weg!«

Verlauf der Behandlung:

8.10.82 Staphisagria – ohne jede Wirkung – offensichtlich eine Fehlentscheidung.

29.10. Phosphor C 30 zweimal wöchentlich 10 Tropfen.

9.11. Nach einer Erstverschlimmerung geht es dem Patienten deutlich besser.

Er habe sich zunächst wie isoliert gefühlt und keinen klaren Gedanken mehr fassen können. Bei einem Spaziergang habe er sich völlig allein gefühlt, mehr als vorher. Um ihn herum sei ihm alles tot erschienen. Er habe große Angst gehabt und sei wie in Trance gewesen. Sein Geruchssinn sei verändert gewesen.

Er sei völlig appetitlos gewesen, sein Magen habe sich zusammengezogen. Er habe nichts mehr essen wollen, um zu sterben. Plötzlich sei ein starkes Liebesbedürfnis aufgebrochen und er habe erkannt, was ihm fehle: Liebe.

Nun habe er wieder Elan und leide nur unter Langeweile. Das sexuelle Problem sei wie weggeblasen. (!) Der sexuelle Drang wandle sich in Arbeitsdrang. Er sei ruhiger, optimistischer und wache morgens besser auf. Er sei weniger an zu Hause fixiert. Er lese wieder Schopenhauer, mit dem er sich früher wegen seines Pessimismus und seiner Ehelosigkeit stark identifiziert habe. Nun beginne er, sich davon zu distanzieren.

11.11. Der Patient setzt die Medikation selbst ab, wegen starker Schlaflosigkeit.

25.11. Er finde plötzlich Sympathie. Ein Buch (*Limmerenz* von Dorothee Tennof) sei für ihn ein »Erleuchtungserlebnis«. Es handle von Liebe und Verliebtsein, ein Zustand »wie ein Rausch, der hilflos macht«. Genauso sei es ihm seit der Pubertät gegangen.

Der Patient ergreift die einzige Kontaktmöglichkeit, die ihm zunächst möglich ist: er besucht eine Prostituierte und verliebt sich »wahnsinnig« in sie. Er möchte sie allein für sich haben und versucht, sie ihrem Gewerbe abspenstig zu machen. Als ihm das nicht gelingt, wendet er sich nach drei Besuchen entschlossen von ihr ab. Seither »blühe er auf«, lege mehr Wert auf seine Kleidung.

2.12. Der Patient hält sich für gesund und bricht die Behandlung ab, obwohl die Hypertonie (RR 200 / 140) noch zu behandeln wäre und er auf eine Dosis Nux vomica C 30 sofort eine innere Entspannung verspürt. Er brauche keine Medizin. Was ihm fehle sei lediglich die Liebe.

April 83. Es gehe ihm prima! Er sei verlobt, seine Verlobte habe er zehn Tage nach der Behandlung kennengelernt und könne es noch gar nicht glauben. Er lacht fortwährend und wirkt leicht euphorisch. Auf meine Bitte, noch einmal seinen früheren Zustand zu schildern, antwortet er: Es ist, wie wenn man aus einem

Keller ans Tageslicht kommt. Dann interessiert es einen nicht mehr, wie es da im Keller im einzelnen war. Er habe das eben hinter sich.

August 83. Es kommt zu einem leichteren Rückfall. Wegen der Angst, am Traualtar »im Rampenlicht« zu stehen, läßt er sich – zu meiner Enttäuschung – von einem Kollegen Imap spritzen. Ich verordne Phosphor 6. LM, täglich 5 Tropfen.

19. September. Er ruft an, er habe geheiratet, es sei »ein tolles Fest« gewesen. Er sei frei von Angst und erröte nicht mehr. Er bedankt sich überglücklich. Zusammen mit seiner Beziehung zu Frauen hat er auch sein Berufsproblem gelöst, indem er eine berufstätige Frau heiratete, die froh ist, in ihm einen »Hausmann« gefunden zu haben, der ihr den Haushalt führt.

Fall 4:

Eine 36jährige kleine und zierliche Patientin kommt »wegen familiärer Probleme«. Der 17jährige Sohn mache ihr Sorgen, er sei nicht, wie er sein sollte. Er arbeitet nicht, gehe nur lustlos und gleichgültig in seine bereits zweite Lehre, so daß er Gefahr laufe, auch diese Lehrstelle zu verlieren. Er stehe auf dem Standpunkt, sein Stiefvater verdiene doch genug, wozu solle er arbeiten? Er nehme keinerlei Verantwortung auf sich und nütze die Eltern aus. Er rauche Haschisch und mache sich bewußt kaputt. Die Mutter hat Angst, daß er eines Tages kriminell werden könnte.

Er stammt aus der ersten Ehe der Patientin. Diese Ehe war eine frühe »Muß«ehe und wurde bald geschieden, weil der Mann ebenfalls verantwortungslos und arbeitsscheu war und alles Unbequeme seiner Frau überließ. Die zweite Ehe, der zwei Kinder entstammen, ist sehr gut. Der Stiefvater, der ebenfalls geschieden ist und einen Sohn gleichen Namens durch den Tod verlor, akzeptiere den Stiefsohn voll. Aber auch als »Ersatz« für den verlorenen eigenen Sohn.

Über den familienpsychologischen Einzelheiten sollte die Art, wie die Patientin auf diese Situation reagiert sowie deren charakterliche Grundstruktur nicht übersehen werden.

Bei Aufregungen könne sie nichts essen und nehme an Gewicht ab. Wegen ihres Untergewichts nimmt sie Tabletten, die den Appetit anregen sollen. Auch in den Schwangerschaften nahm sie paradoxerweise an Gewicht ab anstatt zu. Früher sei sie sehr optimistisch, tatkräftig und belastbar gewesen, jeder sei mit seinen Problemen zu ihr gekommen, aber jetzt sei sie erschöpft, leide an Konzentrationsstörungen und könne keinen klaren Gedanken mehr fassen. In der Jugend habe sie Leistungssport getrieben, jetzt neige sie zu Schwäche- und Ohnmachtsanfällen. Früher sei sie ein »Stehaufmännchen« gewesen. (»Je mehr man mich tritt, um so mehr schmeiße ich mich hinein.«)

Neben diesen aktiven, kämpferischen Zügen fallen ihre Genügsamkeit, ihre Anspruchslosigkeit und Zufriedenheit auf, die sie in tapferem Optimismus das Leben bestehen lassen. Ihre Jugend war schwer. Der Vater war der Mutter oft untreu; die Mutter war »dauernd schwanger«, und die Patientin mußte sehr früh Mitverantwortung für die fünf jüngeren Geschwister übernehmen. Die sozialen Verhältnisse waren so schlecht, daß die Kinder oft von Nachbarn und Verwandten zum Essen eingeladen wurden und sogar adoptiert werden sollten. Die Patientin lehnte diese Adoption aber ab, weil sie trotz allem zufrieden war. Sie war immer genügsam und anspruchslos, verteilte zum Beispiel die wenigen Weihnachtsplätzchen an ihre Geschwister.

Die wichtigsten und charakteristischsten Symptome, die sie zur Arzneimittelwahl geführt haben, sind:

- die Anspruchslosigkeit und Genügsamkeit, die sie trotz schwieriger Umstände zufrieden sein lassen;
- die Willensstärke und Zähigkeit, zum Beispiel im Leistungssport;
- ihr maßvoller Optimismus;
- ihre Selbständigkeit; sie habe sich nie an angeklammert; »Jeder muß sich für sich durchkämpfen«;
- die große Verantwortungsbereitschaft;
- die Patientin will keinen Trost und weint nur, wenn sie allein ist. Tränen habe man ihr schon in der Kindheit abgewöhnt. Sie tröstet dafür andere, dient anderen und verzichtet für andere;
- sie verzeiht alles, vergißt aber nichts.

Die Patientin leidet nun darunter, daß ihr Sohn das Gegenstück ihrer eigenen Lebenshaltung verkörpert. Unter dieser besonderen Belastung werden nun die negativen, ansatzweise »krankhaften« Symptome sichtbar.

Die Patientin kann ihren Sohn nicht mehr akzeptieren. Ihre Verständnis- und Opferbereitschaft kommen an eine kritische Grenze. Sie wird kritisch und aggressiv. Sie sei das schlechte Gewissen für ihren Sohn. Sie sei zwar noch teilweise für ihn verantwortlich, empfinde aber nicht mehr nur Liebe für ihn, sondern auch Haß. Sie hat keinen Appetit mehr (vermutlich weil ihr Optimismus und ihre Tatkraft sie nicht mehr tragen). Sie wird unkonzentriert und vergeßlich, kann keinen klaren Gedanken mehr fassen, während sie früher ein besonders gutes Gedächtnis hatte. Sie ist nicht mehr so belastbar wie früher, sondern leichter erschöpfbar. Früher sei sie verschmust gewesen, jetzt igle sie sich ein. »Da fehlt irgendwie das Leben.«

Die negativen Symptome des Arzneimittelbildes sind: Appetitlosigkeit, Unkonzentriertheit, Vergeßlichkeit, Erschöpfbarkeit, Kontaktstörung, insbesondere Ablehnung zärtlicher Kontakte.

Verlauf: Die Patientin, die meint, sie habe noch nie so viel von sich preisgegeben und über sich selbst erzählt, bekommt statt Verhaltensmaßregeln für den Umgang mit ihrem Sohn oder mit sich selbst nur drei Kügelchen Natrium muriaticum D 200. Eine Woche später meint sie, alle Patienten kämen wohl strahlend aus dem Sprechzimmer heraus: Jedenfalls sei es ihr so gegangen. Sie habe geglaubt, sie sei »gedopt« worden, so »pudelwohl« habe sie sich gefühlt. Sie sei weniger nervös, »gelöster«, habe ihren Körper kaum noch gespürt. Sie habe das Gefühl gehabt, »es kann mir nichts mehr passieren«, und ihren früheren Optimismus und ihr Selbstvertrauen zurückgewonnen. Sie konnte ihre Gedanken zusammenhalten und blieb in ernsten Auseinandersetzungen ganz ruhig. Sie sei wieder so, wie sie früher war: optimistisch, zuversichtlich, tatkräftig. In der Beziehung zu ihrem Sohn hat sie sich klar entschieden, sich nicht mehr alle Verantwortung aufbürden und sich nicht mehr ausnutzen zu lassen. »Ich möchte nicht mehr nur benutzt werden.« Auch ihrer Mutter gegenüber konnte sie zum ersten Mal Kritik üben (meine Erachtens eine harmlose und adäquate Kritik).

Diese Wandlung ist der Patientin selbst rätselhaft. Sei meint erstaunt: »Das darf doch nicht wahr sein!« Einerseits hat sie die Wirkung am eigenen Leib erlebt, andererseits kämpft sie um eine rationale Erklärung und möchte skeptisch bleiben (wie das für Natrium-muriaticum-Patienten oft charakteristisch ist). Sie sei entsetzt gewesen über das an sich sehr angenehme Gefühl, als ob der Körper nicht mehr da wäre. Weil das »vom Verstand her nicht zu fassen sei«, beriet sie sich in ihrem unbefriedigten Erklärungsbedürfnis mit zwei befreundeten Ärzten. Der eine hielt das schlicht für Suggestion und meinte nur: »Du bist doch sonst so realistisch, wie kann gerade dir das passieren!?« Der andere meinte: »Wenn du wirklich daran glaubst, daß dir das hilft, dann nimm es doch meinetwegen jeden Tag.« Beiden konnte sie nur sagen: »Aber ich habe es doch wirklich erlebt und gespürt!«

Postscriptum:
Dr. Wolfgang Barck verstarb am 28. 11. 1999 in Darmstadt im Alter von 71 Jahren.

Bachblüten und Bachblütentänze

Karin Bothe

Im folgenden werde ich mit dem Thema *Tanz* beginnen – meditativer Tanz, Tanztherapie – dann auf die »Bachblüten« eingehen, zu den »Bachblütentänzen« überleiten und mit den Beschreibungen einiger Tänze schließen.

»...Der Tanz ist das dynamische Bild menschlicher Geschichte. Er berichtet von der Erfahrung der Begeisterung, von zeitloser, erfüllter Gegenwart, die den Menschen mit dem Göttlichen verbindet...« (Zitat aus: Maria-Gabriele Wosien, Sakraler Tanz).

Meditatives Tanzen verbindet Meditation (Nachdenken, betrachtende Versenkung) mit Bewegung und geht auf den Ballettmeister Bernhard Wosien zurück. Er hat entdeckt, daß die einfachen, sich immer wiederholenden Grundschritte der Reigentänze sich zum Meditieren in Bewegung eignen.

Tanzen, sich im Rhythmus zu Musik, auch zum eigenen Singen, bewegen, ist älteste Ausdrucksform des Menschen. Die Fähigkeit zum sprachlichen Ausdruck wird erst später erworben.

Tanz ist auch altes Kulturgut. In allen Kulturen wurde getanzt: als Dank für eine gute Ernte, Bitte um Regen, zur Beschwörung, in Trauer, in Abwehr von Bösem und Unheil, als Kampfansage oder in Siegesfreude.

Wir kennen diese Kreistänze von Folkloregruppen und aus Literatur und Film. In unserer Gesellschaft wurden sie lange Zeit nicht mehr beachtet und wertgeschätzt. Heute besinnt man sich wieder auf diese alten Traditionen und durch viele Gruppen werden sie wieder eingeführt und bekanntgemacht.

In anderen, vor allem den südlichen Ländern, gehört Tanzen (Kreis-und Reigentänze) fast zum Alltag. Aber auch in nördlichen

Ländern wie in Lettland gibt es riesige Folklorefeste; alle tanzen mit, auch die ganz Kleinen und die ganz Alten.

Bereits im ersten Drittel des 19. Jahrhunderts wurde in Amerika Tanz neben anderen kreativen Methoden unterstützend in der Psychiatrie eingesetzt. Anfang des 20. Jahrhunderts entdeckten (Ballett-) Tänzerinnen und Tänzer den menschlichen Körper und seine natürlichen Bewegungsmöglichkeiten, wogegen im klassischen Ballett Bewegung traditionell normiert und formalisiert ist.

Aus dieser Veränderung tänzerischer Ausdrucksmöglichkeiten entwickelte sich der moderne Ausdruckstanz in Amerika als »modern dance«, und wurde in der deutschen Ausdrucksbewegung durch Laban und Wigman fortgesetzt. Tanz als Ausdruck des Menschen, seiner Gefühle, Wünsche, Bedürfnisse, Hoffnungen. Es ist die Suche nach dem »inneren Tanz«, der Schwerpunkt liegt auf Selbstausdruck, Selbstverwirklichung, Selbstexploration.

Tanztherapie begann in der Psychiatrie, zunächst als unterstützende Maßnahme: Tänzerinnen (hervorragende Balletttänzerinnen) suchten Möglichkeiten, über Tanz und Bewegung Zugang zu Unbewußtem zu finden und mit Menschen in nichtsprachlicher Form zu kommunizieren (zum Beispiel mit autistischen Kindern). Die Entdeckung des Unbewußten, das Werk von Freud und dann von Adler, Moreno und Jung begünstigte die Entwicklung der Tanztherapie.

Psychoanalyse, Psychotherapie sucht den Zugang im Wort, versucht das Unbewußte durch verbale Methoden zu entschlüsseln.

Tanztherapie hingegen sucht durch Methoden der Beobachtung und Bewegung Zugang zu unbewußten Schichten der Persönlichkeit und zu Menschen, die sich aus unterschiedlichen Gründen sprachlich nicht ausdrücken können.

»Wenn ich mit Worten sagen könnte, was meine Tänze meinen, gäbe es keinen Grund, sie zu tanzen«, meinte Mary Wigman (1886–1973), die Schöpferin des deutschen Ausdruckstanzes.

Ich tanze in der Psychiatrie mit zwei unterschiedlich zusammengesetzten Patientengruppen und habe folgende Beobachtungen machen können:

Gruppe der Suchtstation

Überwiegend männliche Patienten, schnell wechselnd; Teilnahme am Tanzen (einmal pro Woche), im Durchschnitt ein bis drei Mal. Viele kommen mit anfänglicher Angst und Hemmschwelle – »Ich kann nicht tanzen«, haben Assoziationen mit »Tanzstunde, Walzer«.

Die Spannung löst sich durch das Mitmachen im Kreis, die Konzentration auf die eigene Mitte, weg vom Vergleich mit den anderen, und vor allem durch Tänze mit ganz einfachen Schritten und die Erfahrung »sooo schwer ist es ja doch nicht«. Bei mehrmaliger Teilnahme sind die Tänze vertrauter, der meditative Charakter kann wahrgenommen werden. Das Rhythmusgefühl verbessert sich, steife Schritte und Körperhaltung werden lokkerer, die Patienten entwickeln Vorlieben für bestimmte Tänze. Manche fragen nach Tanzgruppen draußen für die Zeit nach der Entlassung und sind interessiert an Informationen.

Vereinzelt weckt das Tanzen ungute Erinnerungen – an Schulzeit, Versagen, oft auch garnicht Benennbares – manche machen beim weiteren Mitmachen die Erfahrung, daß es heute doch anders ist, im Einzelfall wird der Patient von der Teilnahme befreit (kam zwei bis drei mal vor in einem Jahr).

Gruppe mit gerontopsychiatrischen PatientInnen

Hier sind überwiegend Frauen. Das Tanzen ist vertrauter und in der Erinnerung schön. Bedauert wird, daß »man nicht mehr so kann, nicht mehr so beweglich ist« u. ä. Wir wechseln ab zwischen Sitztänzen (choreographisch gestaltete Bewegung zur Musik im Sitzen, und zur Musik sich im Raum bewegen mit Bänderstäben oder Seidentüchern, und einfachen, je nach Gruppe ausgesuchten Kreistänzen. Auch hier haben die Patientinnen Lieblingstänze und entscheiden, was sie tanzen wollen, sie sind länger da und dadurch vertrauter mit den Tänzen.

Beispiel eines Gruppenverlaufes

Der Beginn verzögert sich, zwei Frauen geht es schlecht, andere sind um sie besorgt und dadurch abgelenkt und unkonzentriert. Insgesamt ist die Stimmung mißmutig und gereizt, die Frage »Womit möchten Sie heute anfangen« wird abgewehrt – »entscheiden Sie«.

Allmählich finden sich dann doch alle in die gemeinsame Bewegung, der nächste Tanz wird selbst ausgesucht, Lächeln kommt auf, Kontakte entstehen, man begrüßt sich würdevoll beim Gehen durch den Raum. Die Spannung löst sich und auch die anfangs eher Zurückgezogenen sind integriert. Zum Ende der Stunde ist die Stimmung heiter und gelöst, obwohl es einigen immer noch schlecht geht.

Mit einer kleinen Gruppe schwerstverwirrter alter Menschen habe ich Sitztänze gemacht und war sehr gerührt, als mich nach einiger Zeit eine alte Frau mit den Fingerbewegungen eines Tanzes begrüßte. Sie konnte nicht mehr sprechen, wußte nicht mehr, wie sie hieß und ob sie gefrühstückt hatte, aber sie erkannte mich wohl an meinem Rekorder, Kassetten und Bänderstäben. »Wenn ich mit Worten sagen könnte, was meine Tänze meinen...«

Was kann deutlicher ausdrücken, daß Tanz »spricht«, wo Sprache nicht möglich ist.

Bachblüten

Sie sind nach dem englischen Arzt **Edward Bach** benannt. Er hat von 1886 bis 1936 gelebt und unter anderem als erfolgreicher Bakteriologe und Homöopath gewirkt. Sein früh ausgeprägtes Interesse an der Natur einerseits und am leidenden Menschen andererseits bestimmte sein Berufsziel, Arzt zu werden.

Er betrachtete den Menschen als Ganzes und beobachtete immer wieder ähnliche Umgangsweisen mit Krankheiten. Unabhängig von Alter, Geschlecht, Bildung und Symptom sind Patienten zum Beispiel ungeduldig und wollen das Störende (Fraktur, Bronchitis o. a.) so schnell wie möglich loswerden.

Andere reagieren passiv, resigniert, mit »natürlich muß mir das passieren«, oder »warum passiert ausgerechnet mir das«. Wieder andere tun, als ob gar nichts wäre, bagatellisieren, und so fort.

Von Bach stammt der Ausspruch: »Krankheit ist weder Grausamkeit noch Strafe, sondern einzig und allein ein Korrektiv – ein Werkzeug, dessen sich unsere eigene Seele bedient, um uns auf unsere Fehler hinzuweisen, um uns von größeren Irrtümern zurückzuhalten«. (Auch heute wird ja in der Medizin diskutiert, wieweit zum Beispiel Krebserkrankungen oder Herzinfarkt auch als Warnung des Organismus zu verstehen ist, nicht mehr so weiterzumachen wie bisher).

Diese ganzheitliche Betrachtungsweise und die Suche nach einfachen, jedem Menschen zugänglichen Heilmitteln zieht sich durch Edward Bachs ganzes Berufsleben. Nach einer schweren Erkrankung, die er überlebte, obwohl ihn Ärzte und Freunde bereits aufgegeben hatten, gab er seine Praxis in der Harley-Street auf und lebte in seinen letzten sechs Lebensjahren in Wales. Der sehr sensitive Arzt entdeckte auf seinen Wanderungen die heilende Wirkung wildwachsender Blüten (von Blumen und Bäumen) auf bestimmte Seelenzustände wie zum Beispiel Angst, Dünnhäutigkeit, Schock, Ungeduld, Geltungsbedürfnis etc. Insgesamt fand er 38 Blüten, deren energetische Wirkungsweisen er beschrieben hat. Er ordnet jeder Blüte postive und negative Seelenzustände zu – nicht im Sinne von gut / schlecht, sondern im Sinne von lebensfördernd / lebenshindernd. Die Wirkung der Blüten verstärkt den positiv / fördernden Zustand, dadurch hat der negativ / hindernde weniger Raum und tritt in den Hintergrund.

»... Die Bach-Blütentherapie hilft, daß wir mit vorübergehend auftretenden negativen, allgemein menschlichen Gemütsstimmungen (wie zum Beispiel Ungeduld, Kleinmütigkeit, Unsicherheit, Eifersucht), deren Ursache menschliche Charakterschwäche, (aber keine Krankheit) ist, besser umgehen und solche Schwächen selbst in den Griff bekommen können...

Es wäre aber falsch, die Wirkung der 38 Bach-Blüten-Konzentrate in direkten Zusammenhang mit körperlichen Krankheitssymptomen zu bringen.

... Ziel der Bach-Blütentherapie ist die Re-Harmonisierungvon negativen Gemütsstimmungen der Persönlichkeit (zum Beispiel Angst, Mißtrauen, Minderwertigkeitsgefühlen), welche die geistig-seelische Entfaltung der Persönlichkeit behindern und schließlich auch Auslöser für körperliche Krankheiten werden können...

... Die Bach-Blüten-Konzentrate können deshalb auch zur Vorbeugung gegen körperliche Krankheiten und zur Unterstützung einer fachgerechten Behandlung dienen, diese aber nicht ersetzen.«[1]

Derzeit gibt es an einer Universitätsklinik ein Forschungsprojekt, in dem die Wirksamkeit der Bachblüten wissenschaftlich erforscht wird; die Ergebnisse sind in diesem Buch dargestellt: »Der klinisch-therapeutische Stellenwert der Bach-Blüten-Therapie«, W. Lemmer, s. S. 165 ff.

Bachblüten und Tänze

Nicht zuletzt durch die Medien verbreitet sich das Wissen über Bachblüten und Bach-Blütentherapie. Vor ca. zehn Jahren wußten in einer Gruppe von 20 TeilnehmerInnen etwa zwei etwas darüber, heute wissen in der gleichgroßen Gruppe nur noch zwei nichts davon. Je mehr Menschen etwas über Bachblüten wissen und sich damit beschäftigen, desto öfter wurde einTanz in seiner Symbolik einer Blüte zugeordnet. Anastasia Geng, die mit vielen Gruppen ihre lettischen Tänze tanzt, erzählte immer wieder von dem Phänomen, daß zum Beispiel in einer Augsburger Gruppe der »Quellentanz« der Blüte »Crab Apple« zugeordnet wurde, einige Zeit später geschah das in einer Gruppe in einer anderen Stadt und noch in einer weiteren.[2] Auf diese Weise wurden durch die Bestätigung vieler Tanzgruppen aus meditativen Tänzen Bach-Blüten-Tänze, so daß es jetzt 38 Tänze für die 38 Blüten gibt.

---

1 Mechthild Scheffer, Selbsthilfe durch Bach-Blütentherapie, München 1996

2 Anastasia Geng, Bach-Blüten-Tänze, Hamburg 1996

Warum vorwiegend lettische Folkloretänze sich zu den aus Wales stammenden Bachblüten gefunden haben und umgekehrt?

Vielleicht hat es etwas zu tun mit dem immer wiederkehrenden Wort »einfach«:

- einfache Heilmittel, jedem zugänglich,
- einfache Blüten, wildwachsend, nicht gezüchtet,
- einfache Tänze, unkomplizierte Schritte,
- einfache Lieder, schlichte, ins Ohr gehende Melodien.

Die Tänze sind uraltes, von Generation zu Generation weitergegebenes Volks- und Kulturgut, mit dem ein zahlenmäßig kleines Land sich gegen verschiedene Fremdherrschaft behauptet hat.

In gewisser Weise sind die Blüten ebenfalls uraltes Naturgut, das sich gegen menschliche Ausrottungsversuche behauptet.

Beschreibung von Bachblüten und Bachblütentänzen:

Red Chestnut – Rote Kastanie

Red Chestnut ist verbunden mit dem Seelenpotential der Fürsorge und Nächstenliebe. Man macht sich mehr Sorgen um das Wohlergehen anderer Menschen als um das eigene.

– negativ: Kopfzerbrechen über die Sorgen anderer, Überbesorgnis um die Sicherheit anderer (Kinder, Partner), man hat sich von einem bestimmten Menschen nie richtig abnabeln können.

– positiv: Loslassen im Sinne von freigeben, damit auch selbst frei sein, in gesundem Abstand und Gelassenheit die eigene Persönlichkeit und die des anderen wahren, in Notfällen geistig und körperlich die Übersicht behalten.

Der Tanz

Zwei gleichgroße Kreise (das heißt jede zweite Person geht zur Mitte), zur Mitte gewandt, der Außenkreis geht zur Mitte mit in die Hüften gestützten Händen, aufgerichtet und selbstbewußt!

Der Innenkreis geht gleichzeitig rückwärts nach außen, jede / r kann gehen, wie sie / er will.

Beide haben sieben Schritte, beim achten wird kräftig gestampft.

Ursprünglich war es der Tanz für Mütter und Töchter – sie machen sich gegenseitig groß und schön, geben sich gegenseitig frei und lassen sich gleichberechtigt gelten.

Elm – Ulme

Elm ist verbunden mit dem Seelenpotential der Verantwortlichkeit. Meist tritt diese Energie positiv in Erscheinung: Menschen übernehmen Verantwortung, identifizieren sich mit ihren Aufgaben. Manchmal vergessen sie dabei allerdings eigene Bedürfnisse und Grenzen.

– negativ: Die Verantwortung wächst einem über den Kopf, vorübergehende Unzulänglichkeitsgefühle durch Erschöpfung, man weiß nicht mehr, wo man anfangen soll.

– positiv: verantwortungsbewußt, zuverlässig, Führungskraft, man sieht Probleme und Aufgaben in ihrer richtigen Proportion, man nimmt seine Grenzen wahr.

Der Tanz

In diesem Tanz gibt es zwei Elemente:

Das eine sind vier Schritte: 1. *rückwärts* in Tanzrichtung (gegen den Uhrzeigersinn, rechte Schulter zur Mitte), 2. *vorwärts* in Tanzrichtung, 3. zur Mitte, 4. wieder nach außen.

Zwischen diesen Schritten stehen wir jeweils fest auf dem Boden und kreisen in einer Art Spirale um unsere eigene Achse. (Man kann beobachten, daß Bäume im Sturm so um die eigene Mitte kreisen und elastisch dem Sturm standhalten).

Es ist Kraftsammeln zwischen den Schritten und sich auf das Wesentliche kozentrieren.

Eine Literaturliste kann bei der Verfasserin angefordert werden.

Der klinisch-therapeutische Stellenwert der Bach-Blüten-Therapie

W. Lemmer

Die Veranlassung uns intensiv mit der Bach-Blüten-Therapie zu beschäftigen, wurde ausgelöst durch häufige Fragen von Patienten und Angehörigen nach alternativen medizinischen Therapien, insbesondere nach der Bach-Blüten-Therapie. Um einen ersten Überblick über die Wirksamkeit von Bach-Blüten-Tropfen (BB) zu erhalten, verabreichten wir unseren Patienten bei innerer Unruhe, Angespanntsein und Angstzuständen Rescue Tropfen, auch Notfalltropfen genannt, der Bach-Blüten-Essenz.

23 Patienten mit unterschiedlichster psychiatrischer Diagnose wurde also anstelle einer sonst üblichen Bedarfsmedikation mit Atosil (25 mg) oder niedrig dosiertem Tavor (0,5–1 mg) nun die Notfalltropfenmischung angeboten. Die nur orientierend erfaßte Resonanz der Patienten auf die Tropfengabe wurde zunächst mittels eines globalen Arzturteils erfaßt und ergab in 14 Fällen eine deutliche Besserung der Symptomatik, in drei Fällen eine leichte und in den übrigen sechs Fällen eine unveränderte Beschwerdesymptomatik. Eine Verschlechterung des Zustandes wurde von keinem der Patienten angegeben. Wir beschlossen, uns mit dem Thema Bach-Blüten-Therapie stärker auseinanderzusetzen.

Die Bach-Blüten-Therapie ist nach ihrem Entdecker Edward Bach (1886–1936), einem englischen Arzt benannt. In den ersten Jahren seiner ärztlichen Berufsausübung war Dr. Bach als Unfallchirurg und später als Bakteriologe und Immunologe tätig. Im Laufe seiner Forschungsarbeiten über Darmbakterien gelang es ihm Vakzine zu entwickeln. Sie wurden später als Nosoden bei der

Behandlung chronischer Erkrankungen aufbereitet und eingesetzt. In seinen weiteren Studien war Bach bestrebt, pflanzliche Heilmittel zu finden, die jedoch nicht auf dem Wege ihrer pflanzlichen Inhaltsstoffe zu heilen vermögen, sondern auf einer sogenannten höheren, der Ebene der Schwingungen wirken könnten.

In sechs Jahren fand Bach 38 Blüten, eigentlich nur 37, da eine Quellwasseressenz mit hinzukam. Außer den Blütenkonzentraten hat Bach eine eigene Mischung aus fünf Blütenessenzen zusammengestellt, die als sogenannte Rescue Tropfen bzw. Notfalltropfen aufgeführt werden.

Die Herstellung der Blütenkonzentrate erfolgte über zwei Methoden – die Sonnenmethode (also Trocknung) und die Kochmethode, auf deren Erläuterung aus Zeitgründen verzichtet werden soll. Das Sammeln der Blüten wie auch die Herstellung der Konzentrate wünschte sich Bach durch den Benutzer selbst, um eine einfache und kostengünstige Behandlungsmethode für jedermann bieten zu können. Bach erklärte den Begriff Gesundheit als Zustand völliger Harmonie des Menschen mit seinem höheren Selbst (Seele), seiner Persönlichkeit (Ich) und seinem Körper. Für jeden Menschen bestünde ein göttlicher Plan, den umzusetzen die Seele eines jeden Menschen bestrebt sei.

Diese Bestrebungen zeigten sich in Form von Intuition, eigenen Wünschen (nicht von anderen übernommenen Wünschen) und Instinkt. Von dem höheren Selbst (Seele) gingen Schwingungen aus, die in der Persönlichkeit ihre Resonanz suchen (höhere Schwingungen – Frequenzhöhe des höheren Selbst). Würden diese positiven Informationsimpulse der Seele von der Persönlichkeit aufgenommen, so entwickelten sich Tugenden. Erlangten aufgrund von Mängeln und Schwächen der Persönlichkeit diese Schwingungen keine Resonanz, käme es zu einer Disharmonie und zu negativen Gemüts- bzw. Seelenzuständen, gegen die nun die von Bach gefundenen 38 Blüten als Pflanzen höherer Ordnung – sie befinden sich auf dem Frequenzniveau der Seele – wirkten und in der Lage seien, die herrschende Blockade aufzuheben. Bach spricht von 38 negativen Gefühlsmustern mit Gefühlsprogrammen, die auf niedrigen Frequenzstufen bestehen und vergleichbar seien und vom Menschen auf der Persönlichkeitsebene automatisch ausgelebt werden, sollten sich diese auf einer solch niedrigen Frequenzstufe befinden.

Nach Bach besteht die Möglichkeit der Akuttherapie mittels der Rescue Tropfen. Die einzige von Bach erstellte Mischung aus Einzelessenzen. Sie setzt sich aus folgenden Pflanzen zusammen:

Star of Bethlehem: Doldiger Milchstern – einsetzbar bei Lähmung, Schock oder bei noch nicht bewältigter seelischer-körperlicher Erschütterung. Der Patient kann damit mehr innere Kraft und bessere Erlebnisverarbeitung erzielen.

Rock Rose: Gelbes Sonnenröschen – einsetzbar bei Panikgefühl, Todesangst, akuten Angstzuständen. Hilft dem Patienten zum besseren Umgang mit seiner nervlichen Konstitution und dient zur Beruhigung.

Impatiens: Drüsentragendes Springkraut – einsetzbar bei extremer innerer Anspannung, leicht gereizten, ungeduldigen, überschießenden Reaktionen (= indisches Springkraut). Bewirkt: Geduld und Verständnis für andere Menschen.

Cherry Plum: Kirsch-Pflaume – einsetzbar bei Angst vor psychischem und physischem Verlust der Selbstkontrolle. Bewirkt: Mehr Gelassenheit in spannungsreichen Situationen.

Clematis: Weiße Waldrebe – einsetzbar bei der Tendenz abzutreten, bei drohender Bewußtlosigkeit oder bei Tagträumerei. Hilft dem Patienten mehr in der Gegenwart zu leben und kreative Fähigkeiten praktisch umzusetzen.

Indikationen für Rescue Tropfen nach Bach sind:

Körperliche Traumen, psychische Ausnahmesituationen, Situationen vor Operationen. Man verabreiche 4 Tropfen in einem kleinen Glas mit Wasser oder gebe die Tropfen in andere Getränke hinein. Die Tropfen sollen in kleinen Schlückchen über 10 Minuten verteilt getrunken werden. Gegebenenfalls kann man sie auch direkt auf die Lippen oder auf entsprechende Körperstellen träufeln. Ebenso ist eine äußerliche Anwendung als Salbe möglich.

Für die Individualtherapie schlägt Bach eine für den Patienten speziell zusammengestellte Blütenmischung vor. Sie enthält in der Regel 6 ggf. auch bis zu 12 Blütenessenzen. Welche Blüten Verwendung finden, wird nach einem Gespräch und nach Anwendung eines Diagnosefragebogens festgelegt, wobei als oberstes Diagnoseprinzip gilt, daß körperliche Zustände unerheblich sind, wesentlich aber die Reaktion des Patienten auf seine gegenwärtigen Beschwerden und welche negativen Gemütssymptome er derzeit erkennen läßt.

Die Standard-Einnahmemenge beträgt 4 x 4 Tropfen auf den leeren Magen einzunehmen, wobei die Einnahmedosis jedoch unproblematisch erhöht werden kann.

Das Bach'sche Ziel war es, eine Selbstbehandlung nach vorheriger Anleitung zu ermöglichen.

Wie aus dem angeführten Therapiekonzept von Bach unweigerlich erkennbar ist, eignet sich nur die festgelegte Notfalltropfenmischung zu einer Überprüfung der Wirksamkeit, da sonst bei variabler Mischungsauswahl der Substanzen Fehler entstehen könnten.

Eine systematische Überprüfung der Wirksamkeit der Bach-Blüten-Therapie erschien uns erforderlich und wurde in Form einer kontrollierten Doppelblind-Studie: Rescue-Remedy versus Placebo durchgeführt.

1. Verabreichung von Rescue und Placebo Tropfen an Patienten mit der Zielsymptomatik Angst. Die Beurteilung erfolgt über die Hamilton Angst-Skala, die EWL (Eigenschaftswörterliste) sowie einer visuellen Analogskala zur Befindlichkeit. Vorbedingung ist, daß die Patienten (unterschiedlicher psychiatrischer Diagnosen) 14 Tage vor Beginn der Prüfphase bis zum Ablauf der Prüfung eine feste unveränderte Medikation erhalten.
2. Anhand von Einzelfallexperimenten soll die affektiv entspannende Wirkung im Vergleich zu Placebo getestet werden.

Ergebnisse

Es wurden 100 Patienten, die im Mittel 47,5 (S =15,1) Jahre alt waren, in die Studie eingeschlossen. Davon wurden jeweils 50 der Placebo- und der Bachblüten-Bedingung zufallszugeteilt. Die Zufallszuteilung bewirkte eine tatsächlich gute Vergleichbarkeit beider Versuchsgruppen in der Ausgangslage. Insbesondere gab es bei Untersuchungsbeginn keine Differenz der Mittelwerte in der Bachblüten-Bedingung und in der Placebo-Bedingung bezüglich Alter, Geschlecht und Diagnosemerkmalen. Die explorative Analyse der Skalen der Eigenschaftswörterliste, die Auskunft über die momentane psychische Befindlichkeit der Patienten gaben, zeigten für die Skalen keine Gruppendifferenzen an. Nebenwirkungen, auch geringfügige, die als freier Nebenwirkungsbericht erfasst wurden, wurden unter beiden Bedingungen nicht angegeben. Die globale Verträglichkeit wurde von allen Patienten mit sehr gut oder gut bewertet, wobei sich Bachblüten oder Placebo nicht unterschieden. Der Schweregrad der Erkrankung zeigte in der Placebobedingung einen Ausgangswert von 6,1 im Mittel bei einer Standardabweichung von 0,81 und einem Endwert von 6,0 im Mittel bei einer Standardabweichung von 0,81. Der Schweregrad der Erkrankung zeigte in der Rescuebedinung einen Ausgangswert von 5,9 im Mittel bei einer Standardabweichung von 9,84 und einem Endwert von 5,7 im Mittel bei einer Standardabweichung von 0,88. Die Gesamtbeurteilung der Zustandsänderung zeigte in der Placebobedingung einen Wert von 4,8 im Mittel mit einer Standardabweichung von 0,60 und in der Rescuebedingung einen Wert von 4,55 im Mittel mit einer Standardabweichung von 0,69. Der Wert 4 entspricht der Beurteilung: Der Zustand hat sich etwas gebessert; der Wert 5 entspricht der Beurteilung: der Zustand ist unverändert.

Diskussion

Unabhängig von den erhobenen Daten und den Ergebnissen war die Akzeptanz in der Anwendung der Rescue-Tropfen sehr gut, so daß nahezu alle Patienten an der gesamten Untersuchung teilnahmen und die meisten die Tropfen weiternehmen wollten. Aus den bisher ausgewerteten Daten ergeben sich keine signifikanten Unterschiede, daß eine Bachblütenbehandlung einer Placebobehandlung überlegen ist. Es zeigte sich aber, daß Patienten von einer solchen Therapieform durchaus profitieren können und daß es möglich ist, eine solche Behandlung im Rahmen einer Akutbehandlung bei stationären Patienten anzuwenden. Durch das entsprechende Design konnte sichergestellt werden, daß Psychopharmaka oder Phytopharmaka keinen entscheidenden Einfluß auf die Untersuchung nahmen. Auch Abbrüche konnten nicht beobachtet werden. Der Stellenwert einer Bachblütentherapie ist aus der Sicht der Patienten hoch einzuschätzen. Die Zielsymptomatik Angst kann beeinflußt werden, so wie dies auch eine Placebobehandlung bewirkt. Eine Überlegenheit der Bachblütentherapie konnte nicht nachgewiesen werden, aber es scheint, daß doch eine Subgruppe von dieser Behandlung profitieren kann. Ziel unserer Arbeit ist es jetzt, Einzelfälle von Response weiter zu untersuchen. Anhand dieser Einzelfälle müßte geprüft werden, ob es hier signifikante Unterschiede zwischen Placebo und Verum gibt. Insgesamt muß man den Stellenwert einer Bachblütentherapie in ihrem Wirksamkeitsbereich eher kritisch beurteilen und darauf verweisen, daß andere Behandlungsverfahren wie zum Beispiel die Akupunktur hier signifikante Ergebnisse bewirken. Betrachtet man jedoch die subjektive Beurteilung durch den Patienten, so muß man zugestehen, daß Patienten durchaus davon profitieren können. Weitere wissenschaftliche Arbeiten über die psychotropen Effekte, Placebowirkungen und sinnvolle Anwendungsmöglichkeiten müssen mit klassischen naturwissenschaftlichen Methoden bearbeitet werden.

Nachbemerkungen

Mittlerweile scheint es eine Reihe von Medizinern zu geben, die die Bach-Blüten in ihrer Praxis oder im Rahmen ihrer Kliniktätigkeit anwenden. Nach Angaben der Laienpresse haben ca. 350.000 Bundesbürger bereits Erfahrung mit dieser Behandlung gehabt.

Im Rahmen einer Dissertation (Brochschmitt 1989) wurde

zudem die Wirkung von Rescue Tropfen während der Eröffnungsperiode einer Geburt untersucht, so zum Beispiel in einer Doppelblind-Studie die Eröffnungsgeschwindigkeit des Muttermundes, der Schmerzmittelverbrauch sowie die subjektive Befindlichkeitmittels einer visuellen Analogskala gegen eine Placebo-Gabe. Als Ergebnis konnte in allen Fällen keine signifikante Beeinflussung durch die Verum-Gabe festgestellt werden. Der Autor schilderte jedoch, daß für einen Teil der Patientinnen die Rescue-Tropfen-Gabe sehr hilfreich gewesen sei und somit seine Berechtigung habe.

In der gängigen Literatur zur Bach-Blüten-Therapie wird auch von Erfolgen bei der Anwendung sowohl der Notfall- als auch der Individual-Tropfen-Mischungen berichtet: So zum Beispiel im Bereich der Psychiatrie, Dermatologie, Psychotherapie, Geriatrie, in der Zahnarztpraxis und in verschiedenen Institutionen wie etwa Seniorenheimen, Behindertenheimen, psychiatrischen Kliniken, Kurkliniken. Die hierzu aufgeführten Angaben sind sicher zu hinterfragen, was wir derzeit über eine schriftliche Kontaktaufnahme mittels Fragebogen versuchen.

Im Rheinischen Ärzteblatt, Ausgabe Januar 1996, wurde die Bach-Blüten-Therapie zum Thema einer kritischen Betrachtung von Dr. G. Hopf (Blüten von Bach, Gedankenblüten). In dem Artikel wird dargelegt, daß die Bach-Blüten-Therapie mit ernstzunehmender Phytotherapie nichts zu tun habe, weil die Anwendungsgebiete der von Bach verwendeten Konzentrate nicht mit den zum Teil bekannten Wirkungen der Pflanzenstoffe übereinstimmen würden und diese alternative Behandlungsmethode somit allenfalls einer Placebo-Gabe entspräche.

Des weiteren ist die Überlegung angestellt worden, inwieweit eine vorherige Bach-Blüten-Therapie eine wirkungsvolle, effiziente Behandlung verzögere und dadurch entsprechende Schäden bzw. Beschwerden für das Individuum sowie auch für die Gesellschaft in Form von zusätzlichen Krankenkosten entstehen könnten. Die Indikation bei akuten und chronischen Erkrankungen sei bedenklich, insbesondere die Gabe von Notfalltropfen auf die Lippen von Bewußtlosen mehr als fragwürdig.

Der Erfahrbare Atem

Karlheinz Hildenbrand

In den frühen Hochkulturen war man sich der Bedeutung des Atems bewußt. Eingeweihte gaben geheime Atemtechniken nur an ihre persönlichen Schüler weiter.

»Pneuma« steht im Griechischen für Atem, Geist und Seele. Das althebräische »ruach« meint Wind, Atem Hauch, Geist und Gott. »Da bildet Gott den Menschen aus dem Staub der Akkerscholle und blies in seine Nase den Odem des Lebens, so ward der Mensch zu einem lebendigen Wesen«.[1]

In Sanskrit wird der Prana als Träger der Lebenskraft benannt. Er ist die den Kosmos durchdringende feinstoffliche Energie, die auch im Individuum wirksam ist.

Die Forschungsergebnisse von Ilse Middendorf

Der »Erfahrbare Atem« ist das Ergebnis eines nahezu 60-jährigen Übens und Forschens am Atem durch Ilse Middendorf. Derzeit wird der Erfahrbare Atem an mehreren Ilse-Middendorf-Instituten in sechssemestriger Ausbildung gelehrt.

Schon als Heranwachsender wurde Ilse Middendorf die Bedeutung des Atems für den Menschen bewußt. Zunächst schien ihr die Gymnastik eine Möglichkeit zu bieten, am Atem zu arbeiten. Die Atemweise in der Gymnastik erwies sich jedoch als allzu zweck- und zielgerichtet, oberflächlich und zu wenig in die Tiefe gehend. Durch die Tänzerin Ewe Waren erhielt sie die entscheidenden Impulse, Zusammenhänge zwischen Atem, Bewegung

---

1 Genesis, 2,7

und Meditation zu erkennen. Die Begegnung mit ihrem Lehrer Cornelius Veening bescherte ihr einen »Durchbruch der Substanz im Atem und seinen schöpferischen Bewegungsgrund«.[2] Lange Zeit brachte Cornelius Veening ihr »Unbekanntes zum Bewußtsein, klärte und differenzierte, hob Kräfte, kritisierte und bestätigte«, bis ihre »Selbständigkeit begann und damit die Schaffenskraft für den eigenen Weg«.

Durch eine Lehranalyse war sie viele Jahre der Psychologie C.G. Jungs zugewandt und fand »wichtige Einsichten und Klärung für sich selbst und ihre Arbeit.« Sie entdeckte Abläufe und Gesetze im Bereich des Atems, die nicht vom Verstand, sondern durch die Empfindungsfähigkeit erschließbar und erfahrbar werden. »Wenn ich erfahre, bin ich im Zustand des Lassens. ich kann eine Erfahrung nicht tun, ich kann sie nicht ›machen‹. Deshalb wird die Erfahrung im Üben am Atem besonders gefördert durch das Wahrnehmen und die Empfindungsfähigkeit.« »Erfahrung setzt voraus: Unvoreingenommenheit keine – Vorstellung haben. Erfahrung, aus dem Erlebnis entstanden, ist Offenheit für Einflüsse, Mut zu Neuem, noch nicht Erlebtem, Neugier. Erfahrung ist eine Seelenhaltung – keine intellektuelle Tätigkeit.«

Nicht das Denken, sondern das *»Sammeln – Empfinden – Atmen«* ist die Grundlage aller Mitteilungen. »Atmen ist ein körperlicher Zustand, eine Funktion ebenso wie ein seelischer Ausdruck und ein geistiger Vorgang. Atem umfaßt immer das Ganze in einem Menschen, auch wenn wir dies noch nicht in unsere bisherigen Bewußtseinszustände, die in den meisten Fällen rational sind, zu heben vermögen.« Lange Zeit schien der Körper in Vergessenheit, wurde nahezu ignoriert, durfte allenfalls zur Sinnenfreude herhalten. In den letzten Jahrzehnten bekam der Körper wieder mehr Aufmerksamkeit, wenn auch vorwiegend über Leistungsmethoden. »Unser Unterscheidungsvermögen muß noch wachsen, bis wir das Wunder Leib erkennen und in seiner Bedeutung einschätzen können.« Wie oft wird noch heute dieser Leib als Gegenstand gesehen und gewertet.

---

2 Aus: Middendorf, Ilse, Der Erfahrbare Atem, Paderborn 1995, sowie alle weiteren Zitate.

Der Kernsatz des Erfahrbaren Atems

Ilse Middendorf unterscheidet verschiedene Möglichkeiten des Atems, den willentlichen Atem, den unbewußt gelassenen Atem, und den Erfahrbaren Atem. Die Atembewegung bleibt an sich unbewußt, es sei denn, eine bestimmte Tätigkeit, so zum Beispiel ein schneller Lauf läßt mich diese deutlich spüren. Wird der Wille zum Atmen eingesetzt, wird die Atembewegung auch besonders deutlich spürbar, wenn auch nicht qualitativ »besser«. Nun gibt es neben dem unbewußten und dem willentlich eingesetzten Atem eine weitere Möglichkeit, die Atembewegung, den Erfahrbaren Atem kennenzulernen.

Der Kernsatz des Erfahrbaren Atems lautet:

»Ich lasse den Atem kommen,
ich lasse den Atem gehen
und warte, bis er von selbst wieder kommt.«

Atemräume

Atemraum ist nicht einfach nur die Weitung, die durch Einatmen bewirkt wird, wie wir im folgenden ausführen.

Ilse Middendorf unterscheidet fünf Atemräume: die drei Rumpf- bzw. Hauptatemräume (die auch untere, mittlerer und oberer Atemraum genannt werden) den Innenraum und den Außenraum.

Der *untere Atemraum,* der Füße, Beine und Becken bis etwa zum Nabel umfaßt, läßt sich als des Körpers Fundament, als Raum der Vitalität, der vitalen Impulse beschreiben. Wenn die Kraft des unteren Raumes erschlossen ist, drängt er nach oben. Wir sprechen vom aufsteigenden Atem.

Im *oberen Atemraum,* ab etwa Mitte Brustbein – Schultergürtel, Arme und Kopf umfassend –, finden wir die geistigen Kräfte. Hier treten wir in Erscheinung, finden *Bewußtheit.* Der Atem strömt dem unteren Raum zu, wir sprechen vom absteigenden Atem.

Zwischen Nabel und Brustbein liegt der *mittlere Atemraum,* auch

Mitte genannt, mit seinem horizontalem Atem. Er birgt das Zwerchfell, einen bedeutenden Atemmuskel. Die Mitte ist der Sitz der Gemütskräfte, der Raum des Persönlichen. Haben sich die drei Rumpfräume gegenseitig durchströmt, vereint, sprechen wir vom *Innenraum*. Der Innenraum erschließt den *Außenraum* im Wachstum zum Kosmischen.

Es ist ein hohes Ziel für den Menschen, sich am »Leitseil des Atems« zu orientieren. Aus diesem Grund wenden sich die verschiedensten Menschen dem Erfahrbaren Atem zu. Häufig und mit gutem Grund vertrauen sich Menschen dem »Leitseil des Atems« an, die an psychosomatischen Störungen leiden, darunter denen des Verdauungs- und Atemsystems, an Angst- und Spannungszuständen, an depressiven Verstimmungen und Erkrankungen des Bewegungssystems. Auch die Mobilisierung und Vitalisierung im geriatrischen Bereich stellt eine Aufgabe dar. Frauen setzen das »Leitseil des Atems« zur Schwangerschaftsbegleitung, zur Vor- und Nachbereitung der Geburt ein und schließlich wählen es Künstler / Sänger, Schauspieler, etc.), deren »roter Faden« verblaßt ist, um sich mehr Ausdruckskraft zu verleihen.

Wenn sich bei ihnen Ängste lösen, sie sich von schweren Erkrankungen erholen und im Körperlich-Seelisch-Geistigen Rehabilitation erfahren, so sind dies gewünschte und erreichte Teilziele, die ein ganzheitlicheres Leben vorbereiten.

Atembewegung, Sammlung, Empfindungsbewußtsein

Ich möchte Sie zu einigen praktischen Übungen einladen, den Atem zu erfahren.

Legen Sie bitte die Hände auf den Bauch und schließen Sie die Augen. Die Bewegung, die Sie jetzt unter ihren Händen wahrnehmen, nenne ich Atembewegung.

Viele Menschen glauben, der Atem habe ausschließlich mit der Lunge zu tun, aber wenn Sie fetzt ihre Hände auf Ihre Nierengegend legen, werden Sie auch dort *Atembewegung* wahrnehmen.

Jedoch wird es für einige von Ihnen schon schwieriger, in der Leistengegend Atembewegung zu erspüren. Umschmiegen Sie jedoch ein Knie mit ihren Händen, dann werden nur noch wenige einen Hauch von Atembewegung wahrnehmen. Aber selbst im Fuß kann noch Atembewegung erspürt werden und zwar aus folgendem Grund: Das Zwerchfell hebt und senkt sich mit jedem Ein- und Ausatmen. Wir sprechen dann von einer Weit-Schmal-Bewegung. Entsprechend werden die umliegenden Organe stimuliert. Da die Muskeln den ganzen Körper miteinander verbinden und verweben, wird jede dieser Weit-Schmal-Bewegungen bis in die kleinsten Muskelfasern des Fußes geleitet. Ob nun ein Mensch im Fuß diese Atembewegung spürt oder nicht, ist eine Frage des sich dort »Sammelns«. *Sammeln* meint anwesend sein: Ich richte meine Achtsamkeit auf einen gewählten Bereich. Von einiger Wichtigkeit ist dabei die Empfindung. Empfindung wird häufig mit Gefühle gleichgesetzt. Mit einem Beispiel möchte ich den Unterschied verdeutlichen. es faßt Ihnen jemand von hinten auf die Schulter. Da ist zunächst eine Empfindung, die sich mit Druck und Wärme beschreiben läßt. Erst mit dem Wissen oder Erahnen, wer Ihnen auf die Schulter faßt, antwortet das Gefühl mit seiner Wertung, läßt Sie vielleicht zurückzucken oder sich der Person genüßlich entgegenstrecken.. Hier wird deutlich: Das Gefühl ist die Interpretation der Empfindung. In den Atemübungen ist es von entscheidender Bedeutung, sich an der Empfindung zu orientieren.

Mit dem Sensibilisieren des *Empfindungsbewußtsein* durch den Erfahrbaren Atem, üben wir ausschließlich am Wohlbefinden, und zwar im eigenen Maß. Hier geht es nicht um Leistung, sondern um Wahrnehmung und Anerkennung dessen, was ist.

Der Atem ist das Medium

Die *Atemlehre*/ -therapie / -pädagogik ist eine sanfte, ganzheitlich orientierte Arbeit. Meine Frage in der Atemtherapie lautet: Wo spüren Sie Atembewegung? Hier ist der *Atem das Medium.*

Ein Beispiel aus der Praxis. Eine junge Frau kommt zur Atembehandlung. Sie scheint »außer sich«, berichtet stockend, daß wenige Tage zuvor ihr Vater verstarb und sie auf dem Weg zur Behandlung auf der Autobahn eine dramatische, lebensbedrohliche Situation erlebte. Ich bat sie, sich auf einen Hocker zu setzen, die Augen zu schließen und sich wahrzunehmen. »Ich spüre mich überhaupt nicht«, sagte sie nach einer Weile. Diese Aussage verwunderte nicht. Ich bat sie, an den Füßen beginnend, ihren Körper zu klopfen, streichen, kneten und sich für diesen Bereich zu sammeln. Allmählich arbeitet sie sich so über Beine, Rumpf usw. nach oben, nahm sich immer mehr in der Empfindung, in der Anwesenheit wahr.

Schon während des »Arbeitens« waren zunächst kleine Seufzer zu hören. ich ermunterte sie, diesen nachzugeben und sich Zeit zu lassen. Wieder zu sich kommend saß sie noch eine Zeitlang still. Aus kleinen Seufzern wurden größere. Nach weiteren Übungen konnte sie sogar herzhaft gähnen. Ihr Gesicht gewann an Farbe, war weicher geworden, ihre Haltung eine andere, ihre Gesten waren nicht mehr fahrig. Wir beendeten die Behandlung, Sie ging mit den Worten: »Jetzt ist mir nicht mehr so eng. Ich spüre meinen Atem wieder. Ich lebe wieder.«

Es ist kennzeichnend für die Einstellung in unserer Zeit, daß der Mensch bestimmte trennende Zuordnungen macht: Das Sehen ist auf die Augen beschränkt, das Hören auf die Ohren. Die Ganzheitlichkeit der Zusammenhänge verblaßt.

In einer pragmatischen Übung läßt sich diese Ganzheitlichkeit erfahren: ich bitte die Übenden, sich von ihren Plätzen zu erheben und mir den Rücken zuzuwenden. Die Augen werden geschlossen. ich schlage den Gong einige Male an und führe ihn in einem gewissen Abstand an ihrem Rücken vorbei. Man hört auf diese Weise nicht nur mit den Ohren, sondern auch mit dem ganzen Körper. Erfahrungen, die meine Frau, eine Sonderschullehrerin für Gehörlose, machte, konnten bestätigen, daß gehörlose Kinder »betönt« mit Gongs und Klangschalen, erstaunt und beeindruckt die vorher nicht gekannte Gebärde für Schwingungen machten.

Die Atembewegungen sind Ausdruck und Spiegel der Lebensgeschichte und der aktuellen Situation eines Menschen. Lebt ein Mensch eher ängstlich, depressiv und zurückgezogen, wird sich dies im Atemgeschehen ebenso manifestieren, wie Lebenslust oder Ärger. Aus dem Alltag kennen wir viele Begriffe, die dies bestätigen: »atemlos«, »vom ersten bis zum letzten Atemzug«, »atemberaubend«, »dem Herzen Luft machen«, »aufatmen«, »da stockt der Atem«, »halt die Luft an« usw. usf.

Je mehr ein Mensch verspannt und verängstigt ist, desto weniger erlauben diese Blockaden den Atemfluß, desto sparsamer wird die Atembewegung weitergeleitet, desto weniger spürt sich ein Mensch.

Das sich Spüren ist bei vielen Menschen mit Schmerzen, Beschwerden, Verspannungen belegt. »Der Bauch tut mir weh, der Kopf, der Rücken«...

In der Arbeit mit dem Erfahrbaren Atem, die ausschließlich am Wohlbefinden, am »eigenen Maß« orientiert ist, lassen sich Spannungen und Schmerzen lösen.

Vier Atemstufen

Während der Übung und beim *Nachspüren* ist es günstig, die Augen geschlossen zu halten, um die Wahrnehmung zu verbessern. Durch das Nachspüren nach den Übungen können die Früchte des Arbeitens geerntet werden.

1. Atem durch Bewegung

In *Atem durch Bewegung* wird mit sanften Dehnungen, dem Federn, kreisenden Bewegungen geübt.

Sie sitzen auf dem Hocker, schließen die Augen und beginnen sich zu dehnen: gerade so, als würden Sie im Bett liegen und sich wach dehnen und räkeln. Beziehen Sie die Finger mit ein, die Schultergegend, die Zehen unter anderem, bieten Sie sich alle möglichen Haltungen an, die wohltun, ganz genüßlich, ganz im

Wohlbefinden, ohne sich anzustrengen. Im Anschluß daran erheben Sie sich von den Hockern und dehnen und räkeln sich im Stehen weiter. Im Stehen sind andere Haltungen und Dehnungen möglich. Bei einigen stellt sich schon ein leichtes Seufzen, da und dort ein Gähnen ein – gute Zeichen für eine Lockerung. Die Atembewegungen werden deutlicher. Wenn es genügt, bleiben Sie noch eine kurze Weile mit geschlossenen Augen stehen und spüren nach. Es kann sein, daß Sie Verspannungen deutlich spüren oder sich die Verspannungen zu lösen beginnen, daß Wärme und Kühle spürbar wird, die eine oder andere Gegend belebt ist, Atembewegung überhaupt wahrgenommen wird. Sie entlassen sich aus dem Nachspüren, nehmen Platz und tausche sich über das Gespürte, Wahrgenommen aus.

Kommen wir gleich zu einer weiteren Übung: Wir ziehen die Schuhe aus, nehmen ein Bein nach oben auf den anderen Oberschenkel. Sogleich beginnen wir mit unseren Händen zunächst die Ferse zu klopfen, kneten, massieren und begreifen. Wir konzentrieren uns auf die Ferse. Genauso erarbeiten wir langsam unsere Fußmitte, dann den Vorderfuß mit den Zehen. Wenn sich störende Gedanken melden, bieten Sie sich erneut an, sich »in den Fuß zu sammeln«. Unterstützen Sie sich mit der Frage: »Wie spüre ich mich in meinem Fuß?« Abschließend umschließen Sie mit Ihren Händen das Fußgelenk und sagen sich innerlich noch einmal »ich in meinem Fuß«. Nach einer für Sie angemessenen eigenen Zeit nehmen Sie den Fuß wieder auf die Erde, spüren nach. Wie spüren Sie sich jetzt! Können Sie Atembewegung wahrnehmen?

Allgemein wird festgestellt, daß sich der Fuß jetzt anders anspürt: weicher, wärmer, breiter, im Kontakt mit dem Boden, lebendiger, überhaupt erst spürbar ist. Ja, selbst der Unterschenkel, das Bein, die ganze Seite kommt danach wohltuend in »Spürung«. Entlastung wird empfunden. Die Atembewegung wird bei einigen tiefer als vorher wahrgenommen. Die Übung wird ergänzt durch die Behandlung des anderen Fußes. »Standhaftigkeit«, »Boden unter den Füßen zu haben« sind die wichtigsten Empfindungen, die beim Austausch des Erfahrenen genannt werden.

Wir wenden uns der nächsten Übung zu und gehen auf Strümpfen nach Belieben kreuz und quer durch den Raum. Dabei schließen wir die Augen, die aber immer wieder zur Orientierung geöffnet werden. Erst gehen wir einige Schritte auf den Fersen, dann auf den Vorderfüßen und nehmen wahr, wie dies unseren Atem verändert. Jetzt nehmen wir uns einige Vorstellungen zur Hilfe: Zunächst stellen wir uns vor, barfuß auf einem warmen, feinen Sandstrand zu gehen, wir wechseln auf weichen Lehmboden über, waten gegen die Strömung durch einen Bach, gehen jetzt auf Asphalt, balancieren auf einem Baumstamm, überqueren eine weiche moosige Fläche, halten dann inne und spüren nach.

Zumeist wird festgestellt, daß sich je nach vorgestelltem Untergrund der Atem veränderte. Bei dem Gehen auf Asphalt etwa wird er hastiger, oberflächlicher, mehr den Brustraum betonend; tiefer, voluminöser beim Gehen über den feinen Sandstrand. oder das Moos. Hier wird uns deutlich, welch feiner Anzeiger der Atem ist. Er reagiert auf alles, drückt alles aus. Ob wir dies auch im Alltag wahrnehmen, ist eine Frage der Sensibilität, des Empfindungsbewußtseins.

2. Druckpunktearbeit

Nun möchte ich Ihnen mit einem praktischen Beispiel die *Druckpunktearbeit* vorstellen. Bei ihr geht es um Bezugszonen des Körpers. Am bekanntesten sind die Fußreflexzonen. Hier werden über die Füße ganz bestimmte Organe des Körpers angesprochen und stimuliert. Durch den Erfahrbaren Atem lassen sich über Zunge, Finger, Füße, Kopf und dem ganzen Körper Beziehungen zu gesetzmäßig bekannten Atemräumen des Körpers herstellen und harmonisieren.

Hierfür legen wir die Zungenkuppe oben an den Gaumen an. Langsam bewegen wir die Zungenkuppe Richtung Rachenraum bis zum weichen Gaumen. Dort, in unmittelbarer Nähe des Zäpfchens lassen wir die Zunge verweilen. Schon unmittelbar danach meldet sich bei den ersten von Ihnen ein Gähnbedürfnis, dem wir nachgeben. Wir können in der Übung kurz innehalten, um die ungewohnte Zungenhaltung nicht zur Anstrengung werden zu lassen. Und beginne aufs Neue. Gleich darauf werden immer mehr Gähnreflexe ausgelöst, die ersten Taschentücher gezückt, um die Nase zu putzen und die Augen zu wischen. Gähnen ist eine vitale Atembewegung. Der Atem wird im unteren Raum deutlich gespürt.

3. Vokalatem-Raumarbeit

In der *Vokalatem-Raumarbeit* werden Vokale getönt. Die Vokale bilden bestimmte gesetzmäßig spürbare Atemräume, die Konsonanten Anschläge, Zentren. darüber hinaus sprechen sie bestimmte Stimmungen an. Sie können anregen, zentrieren, zur Ruhe bringen.

Ich bringe den Kernsatz des Erfahrbaren Atems ins Erinnerung:

»Ich lasse den Atem kommen,
ich lasse den Atem gehen
und warte, bis er von selbst wieder kommt.«

Beim Tönen eines Vokals machen wir uns den Atem hörbar – ohne ihn zu verlängern oder zu verkürzen. Also lassen wir den Atem einströmen und dann im Ausatmen in einem »U« ertönen, jede / jeder im eigenen Rhythmus. Lauschen wir dabei nach innen und nehmen wahr, in welchem der drei Hauptatemräume das U spürbar wird. Von einigen wir die Erfahrung gemacht, daß der untere Atemraum angesprochen und darüber hinaus eine beruhigende Wirkung erfahren wird. Nach wiederholtem U-tönen nehmen wir den Vokal »I« dazu. Wir tönen weiterhin das U und dazwischen immer mal wieder das I. Deutlich wird das I im Bereich des oberen Atemraumes, dem Kopf, spürbar. Mit der ergänzenden Übung U und I im Ausatmen zu tönen, wird die Unterschiedlichkeit der Vokalräume noch eindeutiger.

4. Einzelbehandlung

In der *Einzelbehandlung* läßt sich gezielter, individueller arbeiten, konkreter auf die spezifischen Bedürfnisse eines Menschen eingehen. Die zu behandelnde Person liegt auf einer Liege. Durch Dehnungen, Streichungen, sanften Druck meiner Hände (auf der Kleidung) kann die Person sich besser an / in die gewählte Körpergegend sammeln und empfinden. Dies bedingt eine deutlichere Atembewegung zunächst in jener Gegend und wirkt durchblutungsfördernd und krampflösend. Diese Region kommt so zum Bewußt-Sein, zur Bewußtheit und die Qualität des Atems, der Atembewegung ändert sich.

Kontaktadresse:

Karlheinz Hildenbrand, Atemtherapeut des Erfahrbaren Atems®
Waldenserstr. 21-1
76307 Karlsbad
Tel.: 07202-3006

Klangtherapie mit tibetischen Klangschalen und Gongs in Trance

Wolfgang Kölbl

Schon von alters her werden Musik und Klänge als Heilmedium verwendet. Man weiß auch, daß von jeher Soldaten auf ihrem Weg zur Schlacht singen, um sich auf den Kampf vorzubereiten. Phänomene wie die massenhaften Begeisterungsstürme, ausgelöst durch die Musik der Beatles unter anderem, verweisen darauf, welch enormen Einfluß Musik und Klänge auf den Menschen haben und wie bewußtseinsverändernd sie wirken können. Inzwischen weiß man aber auch, daß sich selbst die Leistung steigern läßt und Kühe bei harmonischer Musik (Mozart, Bach) mehr Milch produzieren. Musik wird heute selbst bei Schnell-Lernmethoden eingesetzt, um Menschen zu einer Steigerung ihrer Leistungsfähigkeit zu motivieren. In Paris befindet sich ein Institut, in dem Heilungen mittels in ihrem Frequenzspektrum veränderten Musikstücken bei spastischen Lähmungen und anderen Krankheiten erzielt werden können.

Erfahrungen aus Tibet, der Heimat der Klangschalen

Tibetische Klangschalen werden in ihrer Heimat zu kultischen Zwecken bei der Meditation verwendet. Die Schale dient dazu, sich meditativ mit Hilfe eines bestimmten Klanges auf sich selbst einzustimmen. Durch die Konzentration auf Klänge wird die Außenwelt abgeschirmt und man kann sich ganz in seine inneren Welten versenken. Das ist die Eintrittspforte zum eigenen Unterbewußtsein, das die meisten Vorgänge im Leben steuert, so auch die Gefühle und Gedanken. Der Klang der Klangschale, das Singen (singing bowls) ermöglicht es dem Geist, leichter aus der Gebundenheit des Körpers auszusteigen und sich wie der Klang in Raum und Zeit zu verbreiten.

Klangschalenmassage im Westen

Die Methode der ursprünglichen Form der Klangmassage wurde in Einzelarbeit und gemeinsam mit Krankengymnasten, Ärzten und anderen Heilberufen entwickelt.

Über Shamballa Trigon lernte ich persönlich die Klangschalenmassage in Österreich kennen, woraus eine enge Zusammenarbeit und Weiterentwicklung in der eigenen Praxis entstand. Regelmäßig werden zwischen Shamballa Trigon und mir neue Erfahrungen und Informationen ausgetauscht und neue Konzepte entwickelt. Durch die Erfahrung der heilsamen Klänge am eigenen Körper wird die Therapie laufend aus der Praxis für die Praxis weiterentwickelt.

Konkrete Erfahrungen aus meiner eigenen Praxis

Bei der Durchführung von geführten Meditationen kam es spontan häufig zu einer Besserung von bestehenden Schmerzen oder gar zum Verschwinden der Beschwerden, vor allem im Bereich der Gelenke, der Wirbelsäule und des Kopfes, sowie zur Beruhigung, Ordnung und Neuordnung der Gedanken, zur Veränderung der Durchblutung (kalte Körperteile werden warm) und zum Lösen von Verspannungen physischer und psychischer Art. Erkenntnisse oder Lösungsmöglichkeiten für ungelöste und lange aufgeschobene Probleme wurden wie »von selbst« in tiefer Entspannung gefunden. Daher entstand die Idee: Man müßte doch diese Klangschalen auch therapeutisch nutzen können!

Diese Erfahrungen führten zu der Entwicklung einer völlig neuen Therapieform mit Elementen fernöstlicher Meditationstechniken in Verbindung mit dem Wissen unserer modernen westlichen zivilisierten Welt.

Grundlagen der Klangschalentherapie

Physikalische Grundlagen

Aus der Quantentechnik wissen wir, daß *Materie,* wird sie immer weiter zerlegt, letztlich als *Schwingungsmuster* erscheint, zumindest kann man sich das so vorstellen. Irgendwann entschwindet sozusagen die Materie der Beobachtbarkeit und wechselt in einen Zustand von Wellenbewegungen.

Wir wissen, daß der *Ort* eines Materieteilchens *nicht* genau *vorherbestimmbar* ist und daß die Teilchen auf gewissen Bahnen gehäuft auftreten, das heißt, an bestimmten Stellen wahrscheinlicher erscheinen als an anderen, wobei diese Stellen nicht genau vorhergesagt und berechnet werden können; wohl kann aber gesagt werden, daß dies innerhalb eines bestimmten Bereiches sein wird.

Es gibt *»Felder«* auf der Erde, die sozusagen die *»Energielieferanten«* darstellen: Gravitationsmagnetische und elektrische Felder; jeder Mensch kennt deren Wirkung und wird dadurch beeinflußt. Nun treten aber diese Energien nur als Schwingungsformen in verschiedenen Frequenzen innerhalb dieser Felder in Erscheinung, oder anders gesagt: Die Energie für die Schwingungsformen und in der Folge auch die Erscheinung von Materie wird von den beiden Polen dieser Felder gespeist und gelenkt.

Philosophische Grundlagen

Wir kennen aus Erfahrung das Prinzip der *Resonanz,* das heißt, das »Mitschwingen«, das »Mittanzen« und dadurch die enorme Verstärkungsmöglichkeit von Schwingungen jedweder Art.

Schwingt nun etwas im »Gleichklang«, harmonisch, (= griechisch: Harmonia, die Göttin der Ordnung), dann empfinden wir das als angenehm, sympathisch und heilsam und kommen ins Gleichgewicht, zur Ruhe und Entspannung. »Wir fühlen uns wohl«.

Absolute Ruhe ist für uns und in unserer Form der Wahrnehmung mit dem menschlichen Bewußtsein nicht erfassbar, nicht begreifbar. Sie ist »Alles« und »Nichts« zugleich.

Durchbricht ein Impuls diesen absoluten Ruhezustand, entsteht Teilung in Ruhe und Nicht-Ruhe, in Impuls und Gegen-Impuls, in Positiv und Negativ, was wir als den Archetyp einer Schwingung erfassen.

Information ist Schwingung in irgendeiner Form, ein Hin und Her, ein Pendeln um einen Ruhezustand, *Schwingung, die sich fortpflanzt* und benachbarte Systeme ebenfalls zu dieser Art der Bewegung anregt. Damit entsteht etwas, das für unser Bewußtsein wahrnehmbar wird. Information ist eine grundlegende Voraussetzung für Interaktion, Austausch, Kommunikation.

Mehrere Informationen zusammen ergeben ein Informationssystem. Treten verschiedenen Informationssysteme in Beziehung, so entsteht Kommunikation.

Jede Art von Kommunikation entspricht dem Austausch von Schwingungsformen und bei Annehmen der Information kommen wir »in Gleichklang«, in Harmonie. Disharmonie hingegen bedeutet das Nicht-Annehmen einer Information, ein »Nein-Sagen« dazu (Dis = zwei, geteilt).

Sagen wir aber »Ja« zu irgend etwas in dieser anderen Schwingungsform, dem anderen, dem nicht eigenen Informationssystem, so löst das etwas in uns aus, etwas, das gleich oder ähnlich schwingt.

Klang ist als musikalischer Begriff ein System von verschiedenen gleichmäßigen Schwingungen, die harmonisch zueinander in Beziehung stehen.

Disharmonisch in Beziehung stehende, unregelmäßige Schwingungen nennen wir Geräusch. Durch das Phänomen der *Resonanz*, einer enormen Verstärkung des »Gleichklanges«, der Harmonie (oder auch der Disharmonie), also dessen, was induktiv erzeugt bereits in uns selbst schwingt, sind wir in der Lage, das andere zu »verstehen«, das heißt, unser Bewußtsein nimmt es wahr. Wir haben das »andere« zu unserem »eigenen« gemacht. Wir haben das andere Informationssystem, wenigstens zu einem Teil, »in uns aufgenommen«, es integriert, und haben dadurch unser eigens System verändert. Dies geschieht auf körperlicher, seelischer und geistiger Ebene.

Per-sonare bedeutet wörtlich übersetzt »Hindurchklingen«, Hindurchklingen der Gesetze der Harmonie und Disharmonie, der Prinzipien und Archetypen durch den Menschen. Die »Persönlichkeit« verarbeitet dies dann individuell und bringt es individuell gefärbt in unserer Welt, in unserem Seinszustand zum Ausdruck, einem Seinszustand, der durch das Erkennen mit Hilfe der Sinne geprägt und definiert ist.

Schwingungen und Klang spiegeln die Grundprinzipien jeglicher Existenz, jeglichen Seins wider. *Schwingungen,* erzeugt aus einer tibetanischen Klangschale, dem Urprinzip des Weiblichen (ich darf an den Kelch, den Gral, ja selbst den Kochtopf erinnern, in dem auch etwas umgewandelt wird) *können* mithin, angeregt durch den Klöppel, die Urform des Männlichen, die Impulse, durch *positive Resonanz als heilende Energien* im Organismus wirken. Sie können dabei helfen, die ursprüngliche, lebendige und dynamische Ordnung (= Gesundheit) wieder herzustellen oder einfach nur das Wohlbefinden eines Menschen zu fördern. Das bedeutet nichts anderes, als mehr Ordnung, mehr Harmonie – oder – mehr Liebe ins Leben zu bringen.

Klangschalenmassage

Walter G. Gläser-Curella

Unterstützung geistig-seelischer Integrationsvorgänge mittels einer psycho-physiologischen Kommunikationstechnik.

Gegenstand dieses Textes ist eine kurze Vorstellung der Behandlungstechnik mittels Klangschalen, die auf den Körper des Klienten aufgesetzt und durch Anschlagen mit einem Klöppel in Schwingung versetzt werden.

Die Klangschale (KLS) ist somit akustisch, wie auch taktil / haptisch spürbar, wahrnehmbar.

Wir gehen davon aus, daß sich alles Wahrnehmbare in den Dimensionen (derzeitigen) menschlichen Seins durch Schwingungen bzw. Schwingungskomplexe äußert. Dies wird unterstützt durch Aussagen der »modernen« Physik.

Sämtliche Vorgänge und Verarbeitungen von Sinneswahrnehmung geschehen durch Aufnehmen und Übertragen von Schwingungen, seien sie manifest in chemo-elektrischen Impulsen oder rein physikalischer Art. Beide Weisen gehen nahtlos ineinander über, sind vielleicht sogar nicht voneinander zu trennen. Jedenfalls ist obiger Aussage zufolge das Objekt unserer Beschreibung, *die Klangschale, ein Schwingungskomplex, ein Schwingungsheilmittel besonderer Art.*

Dieser Schwingungskomplex wird auf einen weiteren Schwingungskomplex, hier den Menschen, aufgestellt und mittels Energiezufuhr durch Anschlagen mit einem Klöppel in Vibration gebracht. Die Vibration stellt einen Schwingungsvorgang höherer energetischer Ordnung dar. Je weniger energetisch die Initiation einer Schwingungsübermittlung ist, desto mehr Information wird »transportiert«. Information ist die Essenz von Schwingungsvorgängen und stellt Qualität dar. Der energetische Prozeß ist Quantität.

Die Wirkungsweise der Klangschale beruht zu einem wichtigen Teil auf der Erzeugung einer körperlich spürbaren Vibration und eines besonderen Klangbildes.

Sie erzeugt im Vergleich zum herkömmlichen musikalischen Ton eine Obertonreihe 2. Ordnung, Partialtonreihe 2 (PTR 2). Die PTR 1 (= musikalischer Ton) mündet jedoch in sie ein.

Die Klangschale gehört zu der Gruppe der Glocken, die wir ja im Bereich spiritueller Betätigung einsetzten (Kirchenglocken, oder Ganta, eine Handglocke, im buddhistischen Ritual). Sie ist ein vierdimensional abstrahlender Klangkörper, dessen Klangstruktur keine sinnvolle, *zeitliche* Reihung in der Wahrnehmungsverarbeitung zuläßt. Jeder Klang steht für sich.

Mit dem *musikalischen* Ton (PTR 1) können Melodien erzeugt werden, die für das »menschliche Ohr« einen Sinn ergeben und so wertende Aussagen ermöglichen. Bedingt durch die Klangstruktur der Klangschale erfahren wir die Wahrnehmung unseres unbedingten Seins, das wir wertfrei (= ohne die Möglichkeit, wertende Aussagen machen zu können) in die Schale hineingeben (Angemerkt sei hier noch, daß unsere Sinneswahrnehmungsorgane in mehr oder weniger offensichtlich erkennbaren *Schalen* untergebracht sind. Die Schwingungen können neutral aufgenommen werden).

Die Umschreibung »psycho-physiologischer Kommunikationstechnik bezeichnet zum einen die zunächst mechanische Einwirkung der Klangschale auf die Physiologie des Klienten (Vibration) und zweitens die akustische Wahrnehmung des entstehenden Klanges, die vornehmlich psychischer Natur ist sowie die Art und Weise der Übermittlung des Schwingungsvorganges durch den Therapeuten.

Im Gesamtprozeß der Schwingungsaufnahme spielt auch die visuelle Präsenz der Schale, trotz eventuell geschlossener Augen des Klienten eine Rolle.

Zu einigen Begriffen:

Technik ist der Baustein / Träger für methodisches Arbeiten. Die Technik der Klangschalenmassage ist das Aufsetzen der Schalen und ihr Anschwingen.

Kommunikation ist die Grundlage jeglichen Heilens. Heilung entsteht durch Kommunikation. Kommunikation ist die Aufnahme und Integration von Schwingungen und Schwingungskomplexen.

Integration bedeutet »zu einem Ganzen fügen« – nicht trennend wirken, das heißt, daß Differenziertes als zu einem Ganzen (evtl. übergeordneten) zugehörig wahrgenommen und erkannt wird. Die Integration bezeichnet einen Vorgang, den wir *»harmonische Resonanz«* nennen.

Schwingungen, die harmonisch resonieren, zeigen die Qualität des geringsten Widerstandes zueinander, sie sind energetisch niedrig und informativ hochwirksam; es kommt zu keinem Informationsverlust durch Reibung wie bei der »disharmonischen Resonanz«.

Disharmonische Resonanz bedeutet zunächst, daß bei der Begegnung der Schwingungen ein Energieanstieg erfolgt (zum Beispiel Hitze-Fieber, Entzündung etc.) Er ist jedoch unmittelbar mit einer Energiereduktion der einzelnen Schwingungskomplexe verbunden (Erschöpfungszustände, etc.). Von der Informationsvermittlung her gesehen, findet im ersten Abschnitt die minimalste Übertragung statt, und im zweiten setzt wieder ein Fließen der Information ein, jedoch mit veränderter Qualität dieser Information. Das Ergebnis wird konventionell Krankheit genannt. Der Begriff Krankheit – sollte er überhaupt beibehalten werden –, steht unseres Erachtens für einen Vorgang, der zu einer Veränderung der Informationsqualität, zu Nichtintegration und disharmonischer Resonanz führt.

Fassen wir zusammen:

Geringster Widerstand = größte Informations-Integration = harmonische Resonanz,

Widerstand = Verringerung der Informations-Integration bis hin zur Deformation und somit Änderung der Informationsqualität = disharmonische Resonanz.

Der Vorgang der Qualitätsänderung, die Deformierung führt zu einer Veränderung der Informationsträger. Diese Beobachtungen haben interessante Konsequenzen für die Untersuchung von Zellteilung (Krebsentstehung).

Zwar ist die Information an Schwingung als »Trägersubstanz« gebunden, sie ist essentiell jedoch geistiger Natur. Man könnte Information auch als eine Art Feld betrachten (morphogenetisches Feld), das über Sinneswahrnehmung und deren Verarbeitung schwingungstechnisch eingesetzt wird.

Soviel nur in Kürze zum theoretischen Hintergrund der Klangschalenmassage.

Wir möchten nun auf den praktischen Behandlungsvorgang eingehen.

Zunächst werden dem Klienten die Klangschalen vorgespielt, und dieser entscheidet spontan mit ja oder nein, für welche Schalen er sich entscheidet. Es werden (zunächst) nur Schalen verwendet, die dem Klienten wohlgefallen.

Stichworte:

- Entscheidungsfindung (50% der Heilung)
- Spontan – Alphazustand
- ohne Konflikt arbeiten
- den freien Willen respektieren – der Klient hat die Möglichkeit, sich jederzeit zu äußern.

Es ist sehr interessant und fruchtbar, auf die *»klangliche Konstruktion«* einer Klangschale einzugehen. Der Unterschied der Obertonstruktur zu der von Musikinstrumenten , gibt deutliche Aufschlüsse über die therapeutische Anwendung der Klangschale gerade im seelisch geistigen Bereich.

Die *spontane* Entscheidung ermöglicht ein »zeitloses« Wahrnehmen, sie gibt Raum gegenüber den herkömmlichen (zeitgebundenen) Denkmustern (Ergebnis von bestimmten Wahrnehmungen), Raum für Ja und Nein.

Das Auftauchen eines Vielfachen im Entscheidungsprozeß bedeutet hier ein Nein. Mit einer *definitiven Entscheidung* hat der Klient einen Teil des Heilungsprozessen bei sich schon in die Wege geleitet.

Da nur Schalen verwendet werden, die wohlgefallen, wird der erste Schritt zur Konfliktlosigkeit getan, die ja potentiell Widerstandslosigkeit – (optional) Informations-Integration bedeutet. Überhaupt wird durchgängig nicht gegen den freien Willen des Klienten gehandelt. Auch der Behandelnde kann frei entscheiden, seiner Intuition zu folgen, er hat jedoch auf ein Ja oder Nein des Klienten zu reagieren.

Gleiches mit Gleichem

Spirituell ethisches Verhalten ist von fundamentaler Bedeutung. Eine Haltung, die den freien Willen respektiert, ist das eigentlich Außenseiterische, Gegenläufige zu den etablierten, physiologisch und psychologisch orientierten klinischen Therapieformen. Denn es ist eine Haltung, die tatsächlich wirkenden Raum / Feld gewährt. Dies rückt das therapeutische Vorgehen grundlegend in ein anderes Licht.

Die ausgewählten Schalen werden aufgesetzt und angeschlagen und die erzeugte Vibration darf auf den Körper einwirken. Sie überträgt sich auf ihn, entspannt Haut und Muskeln und tritt darüber hinaus in Resonanz zu anderen Organen, Geweben, Zellen, zu Makro- und Mikromolekülen, bis hin zum Atomkomplex, der ja quantenphysikalisch als (eine Art) Feld verstanden wird.

Abschließend sei gesagt, daß zusätzlich zum Einsatz von Klangschalen auch mit herkömmlichen Behandlungstechniken in den verschiedensten Bereichen klinischen Wirkens gearbeitet werden kann. Die auffallenden Heilungserfolge sind die Ergebnisse einer Heilungsvorbereitung des Klienten und mit dem Klienten. Unserer Meinung nach heilen den Klienten nicht so sehr die Techniken und Methoden, vielmehr bereiten sie ihn (nur) auf seine Heilung vor. Die Heilung entsteht *im* Klienten und durch *ihn.*

Grundbedingung dafür ist das Entstehenlassen einer anderen *Wirklichkeit,* die ihn sich potentiell im Willen wieder als frei schöpfend erleben läßt. Die Klangschalenmassage bereitet hierfür den Boden.

Autorinnen und Autoren

Dr. Karl-Heinz Arnoldt, Leiter des Forschungsinstituts ZNS-Consultants, Darmstadt.

Dr. Dr. Wolfgang Barck †, Neurologe, Psychiater, Psychoanalytiker, niedergelassener Psychotherapeut und Homöopath, Darmstadt.

Dr. Werner Beck, Kulturhistorische und medizingeschichtliche Studien; arbeitet in der Klinik für Psychiatrie und Psychotherapie am Elisabethenstift Darmstadt.

Karin Bothe, Fachschwester für Psychiatrie, Zusatzqualifikationen; praktische Erfahrung in alternativen nonverbalen psychiatrischen Therapieansätzen; Klinik für Psychiatrie und Psychotherapie am Elisabethenstift Darmstadt.

Dr. Peter Fey, Zentrum für Psychiatrie an der Universitätsklinik Frankfurt am Main; bekannt durch zahlreiche Publikationen über Lichttherapie.

Walter C. Gläser-Curella, Musiker, Pianist; arbeitet in der Theoriebildung und Konzeptualisierung der Therapie mit tibetischen Klangschalen, Darmstadt.

Dr. Christian Golusda, Arzt für Psychiatrie; Übersetzer der Biografie des schizophrenen Tänzers Nijinski; bekannt durch Balettaufführungen mit Nähe zu psychiatrischen Themen, Gesundheitsamt Frankfurt am Main.

Privatdozent Dr. Göran Hajak, Klinik für Psychiatrie und Psychotherapie an der Universität Göttingen; Schlafforscher, Untersuchungen über die Effektivität von Melatonin.

Dr. Peter S. Hess, Städt. Klinik, Metzner Park, 67210 Frankenthal, Oberarzt in der dortigen Psychiatrischen Klinik.

Karlheinz Hildenbrandt, Fachkrankenpfleger für Psychiatrie und niedergelassener Heilpraktiker und Atemtherapeut, Karlsbad.

Dr. Wilfried Köhler, Arzt für Neurologie und Psychiatrie, ehem. Oberarzt am Zentrum für Psychiatrie der Universität Frankfurt am Main.

Professor Dr. Alexa Köhler-Offierski, Fachärztin für Neurologie und Psychiatrie, Rektorin der Evangelischen Fachhochschule für Sozialpädagogik, Darmstadt.

Wolfgang Kölbl, Arzt, Mitbegründer der tibetischen Klangschalenmassage in Deutschland, Sanatorium Altenhofen.

Dr. Wimar Lemmer, Facharzt für Neurologie und Psychiatrie, Oberarzt in der Klinik für Psychiatrie und Psychotherapie an der Uniklinik des evang. Krankenhauses, Gelsenkirchen.

Prof. Dr. E. Lehmann, Dipl. Psych., Leiter der Forschungsstelle für klinische Psychologie an der Rheinischen Landes- und Hochschulklinik, Düsseldorf.

Prof. Dr. Burkhard Pflug, ärztlicher Direktor des Zentrums für Psychiatrie der Unikliniken, Frankfurt am Main.

Dr. Andrea Rodenbeck, Psychiatrische Universitätsklinik Göttingen, Schlaflabor.

Christian Tarnow, Künstler und Psychotherapeut, Kunstherapeut.

Dr. Ernst U. Vorbach, Arzt für Neurologie und Psychiatrie, Oberarzt der Klinik für Psych. Und Psychotherapie am evang. Krankenhaus Elisabethenstift, Darmstadt.

HEILKRAFT DURCH LICHT

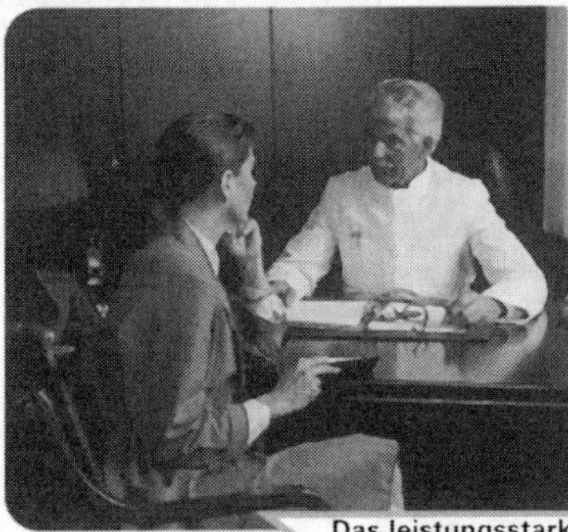

Das leistungsstarke Lichttherapiegerät für Klinik, Arztpraxis und Ambulatorium

SAMALUX 600
SAMARIT PHOTOTHERAPY

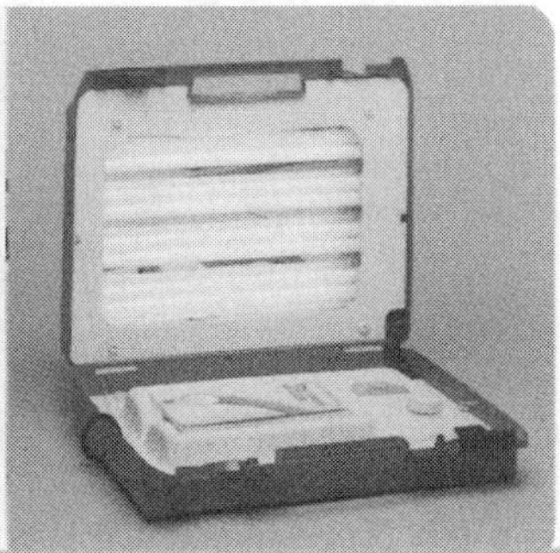

Das Mobile im Koffer für die Heimtherapie

SAMALUX 400
SAMARIT PHOTOTHERAPY

Das elegante Tischgerät für die Heimtherapie

SAMALUX 410
SAMARIT PHOTOTHERAPY

Transatlantic Handelsgesellschaft Stolpe & Co mbH

Siemensstraße 7 61267 Neu-Anspach
Tel. 06081 / 94 30 50 Fax 06081 / 96 13 59
Internet: http://www.transat.de e-mail: info@transat.de